小林カツ代

働く女性のキッチンライフ

手早く、うるおいのある食卓を作る方法

大和書房

なぜ、働く女性のキッチンライフなのか？
——まえがき

一九八〇年度の「労働白書」によると、働く女性の66％もが既婚者であるとのこと。この数字は今後ますます増え続けていくことでしょう。

女が働くとひとくちにいっても、それにまつわる実にさまざまなことがあります。ことに家庭持ちの女である場合、働くことが生活のごくふつうの部分として日々の暮らしの中にくみされ、スムーズに流れているかというと、そう生やさしいことではなさそうです。

女がひとりで生き、暮らし、働くなら、家庭と仕事をいかに両立するべきか、などといった十年一日の如く、古きテーマを語ることもないでしょう。

しかし、十年一日の如く家庭と仕事の両立の仕方が語られるわりには、ほんとのところ、働く既婚女性の生活実態はあまり知られていないようです。

多分、かなりの人が、毎日の生活をとにかく、どうにか切り抜けているというところではないでしょうか。

右手に仕事、左手に家庭を持ち、忙しさにふり回されつつなんとか均衡を保とうとしているヤジロベエ、はたから見れば、なんでそうまでしてヤジロベエでいたいのか不思議かも知れませんね。

確かに、仕事だけ、家庭だけという人よりは大変な面が多々あります。多々あってもなおヤジロベエでいたいということは、働く女性の多くが、仕事も家庭もどちらも手離したくないというのが本当の気持だからではないかと、私もその一人として思います。

大変でもなんでも、とにかく仕事を持ち続けていきたいというのであれば、少しでも良い方向に、らくな方向に持っていく方法論が、これからはもっと論じられてしかるべきです。現実からかけ離れた理想を語るのでなく、毎日の生活を少しずつでも働く女にとって、夫にとって、家族にとって良い方向へ持っていくための地に足ついた方法論を……。

働く女が暮らしの部分に目をつぶると、たちまちにして家の中はざらざらし、居心地の悪いものになっていきます。

ざらつきは、ゴミ、ホコリがたまったという居心地悪さだけでなく、もっと大事なことは夫や子どもとの関係までざらざらしてくるのです。

かといって、生活全般ぬかりなくなどといったことは、正直いって出来かねるし、息切れしてしまいます。そこで、なるべくぬかりなくやりたい部分を重点的に、効果的にやっていく、ということで何はともあれ「食」に目を向けたいのです。

人間、おいしいものを食べていればかなりごきげんでいられるし、少々のざらつきは大目に見られます。ただし、単においしくさえあればいいかというと、人間は感情の動物ゆえ、そうはいい切れません。

例えば、味のいい店だからと外食ばかりではいやだし、腕のいいお手伝いだからとまかせっぱなしではどうも、ということもあります。

「食」のみを重点的にとらえるのでなく「食を大切にする心」を持ち続けていくことに重きをおきたいのです。これは女一人がきりきりするのではなく、家族すべてが食を大切にするという方向に持っていくことです。

時間の足りなさゆえに、毎回手のこんだ食事づくりは無理にしても、知恵と工夫でカバーしていく、とにもかくにも食生活だけは第一に考えていく。

働く女性のキッチンライフの充実は、仕事を持ち続け、家族とも出来るだけのびやかに、快適に過ごすための潤滑油になり得ることだけは確かです。

「食を大切にする心」を持てば、かなり広いところから考えていかなくてはならないことが分ります。

私もヤジロベエになって早や十年以上になりました。どちらかの重さに均衡を失ないそうになることもあるけれど、一度たりともどちらかを手離そうと思ったことはありません。家庭も仕事も、捨てがたい魅力があるということなのでしょう。

日々の暮らしの中から得たささやかな私の提案が、現在働いている人、これから働こうとしている人の参考に少しでもなれば、どんなに嬉しいか知れません。

新装版によせて

一九八三年度の「婦人白書」（草土文化刊）によりますと、夫と妻の家事分担率は、パート勤務や専業主婦の場合だとなんと97～98％、フル勤務の場合でも約85％が妻の負担です。これをみると、既婚女性は、職の有無・勤務形態の違いにかかわりなく、家事のほとんどをこなしているということです。

現在、働く女性のなかで既婚女性が占める割合は68％以上になりました。この数字はまだまだ増え続けていくことでしょう。

それと共に、妻のみの家事分担率が少しでも減っていくといいのですけれど。

（一九八三年一〇月記）

もくじ

第一章　時間が足りないことをプラスにする

第二章　本当に合理的な買物法とは？

第三章　手際よく台所仕事をするために

第四章　愉しく食卓をかこむ

第五章　休日をどう過ごすか？

写真——児玉螢子

第一章
時間が足りないことをプラスにする

女性にこそ必要な時間管理術

■まず台所仕事を単純化する

実に実に、働く女性にとっては毎日が時間との戦い。家にいる女性にくらべて、家のことに使う時間が絶対的に少ないのです。

仕事と家庭を持ってからすでに何年も経つという、はたから見ればベテランの人でもやはり〝時間の足りないのが悩み〟。

私は昔っから「時間」というものに非常に興味があり、「時間」に関する本をわりによく読んでます。

時間がない時間がないといいながら、そんな本を読むのにけっこう時間を費しておりますが、

参考になることも多いのでやめられません。

ただ残念なことは、そういった本がすべてといっていいくらい、男性のために書かれたもので、それも対象がビジネスマン。だから、ビジネスのための時間管理が説かれていて、時間の使い方のうまい人ほど出世するといったことにうらうちされてます。

そのため、生活のための時間管理はほとんど出てきません。もうそろそろ女性のためのこういった本が出てきてもよさそうなものですのにね。

さてそんなふうにブーブー思うわりにはよく読みます。そこで、私にとって参考となっている部分をこの章のはじめに少しお伝えして、それを現実の生活にどう取り入れるかもお話していきたいと思います。

『時間の活かし方101の法則』桑名一央著（日本実業出版社）という本の中で——

「問題は、われわれがどのくらいの時間をもっているかではなく、**もてる時間内でなにをするか**——いかに時間を活用するか、ということなのである」とあります。

このことは、働く女性にとってかなり救いの部分です。というのは、先ほどのべたように働く女性にとって、家事の時間は限られているのですから、時間の長さにとらわれたらほんとに大したことは出来ません。しかし、〝もてる時間内でなにをし、いかに活用するか〟ということになると、これはもう本人の腕次第ということになります。

とはいっても、所詮時間が短いのですから、どういうやり方がもっともいいのかというと、

これもこの本の中に出てくる〝仕事の単純化〟という章にいくつかのヒントがあります。

㋑不必要な仕事は省く。
㋺仕事の手順をやりやすくする。
㋩二つあるいはそれ以上の仕事を連続してできるときは、その仕事を結びつける。
㋥雑仕事のこまかいところはできるだけ単純化する。
㋭つぎの仕事にとりかかる手順を前もってたてておく。

ね、キッチンライフにだって応用出来るでしょう。私はこのヒントをそっくりそのままキッチンライフにいただきたいと思うのです。

まず、〝台所での仕事を単純化する〟。単純化というとピンとこないでしょうが、では逆に、台所の仕事を複雑にする――といったらどうでしょう。とんでもない！　ただでさえ忙しいのに、複雑にするとは！

そうなんです。だから単純にしようというわけです。では、単純化するためにはどうするか、その方法がつまり、前述の㋑㋺㋩㋥㋭。これをすべてキッチンライフに取り入れるとどうなるか――。

桑名先生も、まさかこんな応用をされようとは思い及ばれないでしょうが、時間を大事にす

るということは、どんな場合にもあてはまる好例ともいえるのです。

さて、では実際に応用してみます。

①不必要な仕事は省く

例えば、サラダひとつ作るにしても、サラダの材料は水気を取るべしと、ふきんでレタスをふくなどといった時間のかかる、おまけに味を悪くする法を説く料理家の言などにまどわされないこと。

また、めん類をゆでる時など、ガスのそばにつききりでくっつかぬようハシで混ぜたりするより、ほっぽっといて、時々気が向いたらスイと混ぜる程度で立派にくっつかぬゆで方を会得するとか……。ひとつふたつ取りあげた程度ではなんだそんなことかと思うこともばかに出来ないのです。あまり必要でないと思われる部分を切り捨て、新しい方法を身につけ、時間と手間を節約すると、毎日のことなのでけっこう大きな時間の差が出てくるのです。

②仕事の手順をやりやすくする

まるで台所仕事のためのアドバイス。ゴチャゴチャとした台所、ゴチャゴチャとした調理台、ゴチャゴチャとした食器だな、ゴチャゴチャとした……いや、もういいでしょう、台所仕事を手順よくするためには、何よりすっきりした台所、調理台、食器だな、エトセトラ。

しかし、すっきりだけでは不十分。おなべから木しゃもじにいたるまで使いやすい位置にお

さまり、目をとじていても使えるほどに分りやすく、使いやすくしてあったら、どんなにか台所の仕事はやりやすいことか。

㈧二つあるいはそれ以上の仕事を連続してできるときは、その仕事を結びつける

これもばっちり台所仕事用に。それどころか、キッチンでは二つあるいはそれ以上の仕事を同時にやってのけるということも。二つや三つの仕事の連続は多くの節約を生みます。

皮をむいたじゃがいもをゆでる。じゃがいもは取り出し、ゆで汁に水を足し、だしをとってみそ汁に。ブイヨンを入れればスープとしてゆで汁は使えるし、なべを汚さずガスも少しは節約（ゆで汁が熱々なら）。

もう一例。シュウマイをふかす。ふかしたあとの蒸し器の湯でさっとワカメを湯通し、次にもやしをゆで、二つあわせて中華風サラダに。

㈡雑仕事のこまかいところはできるだけ単純化する

どういうわけか、皮むきのようなポピュラーな、なくてはならないものを置かない家がけっこうあって、手作業を徳とするのか不思議。じゃがいもの皮むきだって使い出したらやめられませぬ。こういったものに頼ることになぜか日本人は抵抗を感じるらしく、器用な日本人になんでこんなものいるのかといった風潮があります。

便利でも使ってばかばかしいものは、後の手入れが大変なのや、置き場所を取るものなど。そうでなくて、たいして場所も取らず、手入れもいらないものならどんどんそれらを使って、

単純作業としたいです。これら道具類のことは第三章の台所学でくわしくのべます。
それから、玉ねぎのみじん切りひとつにしても、そのやり方をマスターしているのとしてないのとでは大違い。みじん切りに関してはみじん切り器なんぞは不必要だけど、実に妙なきざみ方をする人がいて、時間も手もかかる。単純にことを運ぶには、単純なやり方をもマスターしていく必要がキッチンでは大いにあるのです。

㋭つぎの仕事にとりかかる手順を前もってたてておく

ほうれん草をゆでようとする。当然湯を湧かす。湯が湧いた、ではほうれん草を洗いましょうでは、時間の無駄は当然のこと。また、さめてもいいものから先に作り、温かいうちに食べたいものは最後に仕上るようにという配慮など、ガスの火を待たすことなく、時間を無駄にすることなく、前もって手順をたてるのはキッチンにおいては実に重要です。

一日の時間の記録をつけてみる

■自分が何かをするのに必要な時間を知ってますか？

これは私の提案なんですが、自分の丸一日を何日分かつけてみることを、ぜひおすすめしま

す。そんなことして一体どういう効果があるのかと疑問に思われることでしょう。前述の本の中にも〝時間使用記録の分析〟という章のはじめに、

「使用時間を実際に記録してみると、新しい事実がいろいろ明らかになってくる。そしてそれにつれて、時間の使い方について無関心ではいられなくなってくるはずである――」

と書かれています。

ほんとにその通り。ただし一日くらいの記録ではだめ。たまたまその日は非常に有効な時間を使った一日だったりしたら、(なかなかいいじゃない、私の時間の使い方は……)というだけで終る可能性があり、前進がのぞめません。

最低三日間、出来れば一週間の記録がほしい。つけ方は自由です。あまりこと細かにメモる必要はないのですが、5分の単位までは記録したいです。5分ごときが、なかなかどうしてばかにならないんですよ。

私はこの記録をしたあと、何かというと時計を見る習慣がつきました。だからといって、時計ばっかり見ていつもあわただしい思いで過ごすようになったかというと、決してそうではなくて、かえって、自分が何かをする時間がつかめ、いい習慣がついたと思っています。

たとえば、うちにいる時に電話が鳴ったとしますね。すると私は反射的にパッと時計を見ます。電話をかける所からも時計が見えますが、必ず受話器を取る前に見る習慣がついてしまったのです。その時の時間によって、話を出来るだけ簡単に切りあげなければならないとか、ち

ょっとゆっくり話せるなとか、むろん相手の意向もありますが、瞬間的に思うくせがつきました。

トイレに入る時までちらと時計を見るくせがつき、「ええと八時か……」などといって行くので、うちのものに失笑されております。

■時間の使い方に無関心ではいられなくなる

さて〝時間使用記録〟が働く女性になぜ必要か、また、どんなメリットがあるのか——それは、働く女性の時間は限られている、いるからなのです。

時間が限られているがゆえに、一日の時間記録をメモる。このことのメリットは桑名氏のいわれるごとく——新しい事実がいろいろ明らかになってきて、それにつれて、時間の使い方について無関心ではいられなくなってきます。

忙しい時間に電話がかかる。つい話しこむ。終って時計を見ると、つまんない話にかなり時間をとっていたということがあり、それで支障がなければまあいいのですが、そのために手順がすっかり狂ったということも起ってきます。

自分の使った時間を記録して明らかになることは、〝これをやるのに、自分は大体これだけの時間が必要〟ということがはっきり見えてくることです。

Uさんは時間がないというとすぐに鉄板焼きやなべ物と決めていました。することといえば

25　一日の時間の記録をつけてみる

野菜を洗うぐらいで、あとは食卓の上でめいめいがやるのだから一番早いと。ところが、時間の記録をとってみると、鉄板焼き、なべ物だからといって準備の時間が短かったというどころか、むしろ時間がかかっていたということが分りました。それでいて家族は「また鉄板焼きィ？　手抜きだなァ」という批判夕食だったとのこと。

なぜ洗うだけで時間がかかるかというと、野菜の葉もの、例えばキャベツ、ほうれん草、白菜といったものを洗うのがUさんは非常に不得手な人だったのです。だからかなり時間がかかるにもかかわらず、鉄板焼きやなべ物は簡単で手間いらずという思いこみがあったのです。

これはあくまでUさんのことで、個人によって「これをするのにこれだけの時間がかかる」というのはずいぶん違うと思います。そのためにも、自分の時間を知ることは大きな意味を持つのです。

忙しいときにこそ色々できる不思議

■短時間でやったときの方がよい場合もある

こんな経験はありませんか？

もうすぐ人が訪ねてくる、それなのにまだ家の中がきれいに片づいていない、さあ大変だ。などという時の働きぶり、自分でも感心するくらいよく働くってことありません？

私などまったくそうで、きょうは仕事が休みだからあれもしようこれもしようと思うのに、思うだけで体の方はのんべんだらりしてスピード感のないことったら。

ところが、そんなだらーりとしている時に、「すぐ近くまで来たので寄らせて頂くわ」なんて電話でもこようものなら、まるでコマ落しのフイルムみたいに猛然と働き出し、またたくまに家の中は美しくなっていきます。

時間のない時の時間は実に有効に使うものです。むろん完璧ではないけれど、短い時間と長い時間と、中でやった仕事は同じという結果さえ生まれるものもあります。

ある朝のこと――定刻より少し遅く目ざめてはっとしました。

（そうだっ、今日は子どもたちが社会見学の日だ！　だからお弁当がいるんだった！）

もうガバとはねおき、台所へすっとびました。おべんとうのための買物はおろか、ごはんを炊く用意もしていませんでした。そこでフリーザーにさしみ用の鯨というのがあるのでそれを出し、ボールに入れてしょうゆと酒を適量注いですぐ米をとぎました。

洗いたてのお米をすぐ炊くのはおいしくないのですが、そんなことはいっておれません。そこで酒を少し加えました。こうすると洗いたてのお米でもだいぶましなごはんに炊き上ります。

さて、ごはんが炊き上ってむらすまで30分として、その間にすべてのことを運ばないと間に

合いません。

私は子どもにおべんとうを作る日は、外出の予定がない時は、必ず自分の分と夫の分と四人分作ります。この日は準備不足と寝すごしという悪条件になりましたが、やはり四個作ることにしました。

■30分で四人分のお弁当ができました！

冷蔵庫の中をのぞくと、オクラの買いおきがありました。しめた！　新鮮なものが一つあるぞ、他にはいつも常備している人参や卵、その他何かあります。フリーザーの中は生憎カラッポにする日というのがきのうでしたから、ほとんど目ぼしいものがありません。

時間がなく、材料が乏しく、それでも四個すべて完了。かなり満足のいくおべんとうが出来ました。

お弁当の中味は——
○鯨のゴマ揚げ——しょうゆ、酒、しょうが汁で下味をつけ、ゴマをたっぷりつけて揚げる。
○さつま芋の天ぷら——芋類は切らさない。鯨を揚げる前に天ぷらに。
○にんじん煮つけ——油ものに少し甘いものが合うので、さとう、塩少々であっさり煮つける。
○卵焼き——鯨だけでは蛋白源がちょっと足りないように思えて。
○オクラ塩ゆで——おべんとうにはこってりしたものに添えて必ずシンプル味のものを添えます。

○白ごまをふりかけたごはん

鯨がこげ茶、さつまいもがきつね色、にんじんがオレンジ、卵焼きが黄色、オクラが緑、ごはんが白。色もきれいです。

起きてから完了まで、きっかり30分で出来ました。手順をよく考え、火と時間のむだのないよう、テキパキとやりました。何の下準備もなく、材料の用意も少なく、すべてを一からやりはじめて30分で完了出来たわりにはいい中身のものが作れました。

その時感じたことは、30分ってすごいなァということです。30分あれば実に多くのことが出来ます。五種類のおかずをチマチマと四人分作るのでさえ30分で出来るのですから、考えようによっては三〜四種類のおかずで足りる夕食だったら、30分あれば立派な食事づくりが出来る——という自信が湧いてくるではありませんか。

自分の時間を知ることのメリット

■余裕をもっていろいろできる

話が少し戻りますが、自分の時間記録をとることについてのメリットをもう少し具体的に話したいと思います。

ある朝上天気に恵まれました。毎日雨が続いていたので洗たくものが山ほど。一応全部洗い終えている。久しぶりのお天気。むろん干したい。それなのに今朝はなんだか朝の時間をとってしまった。果してこの山ほどのものを干していて出掛ける時間に間に合うだろうか？

こんな経験をお持ちではありませんか。キッチンライフの話とは少しはなれるようですが、家の中のことはすべてつながっているのですからひとつの例として話します。

その時、山ほどの洗たくものを干し終るまでに自分はどれだけ時間がかかるか——をはっきりつかんでいると、気分的にとてもらくなのです。

例えば私の場合、梅雨時の、それこそ家中の衣類が洗たく物と化したのではと思えるほど量が多い時、つまり、最高に多いと思える洗たくものを干すのでも約15分。

自分の時間を記録するまでは、実はもっと多くの時間がかかると思っていたのです。だって、干せども干せどもあって、すごく時間がかかっている感じでしたもの。ところが、終って時間を見ますと、なんとたった15分でした。

干し方とか、いろいろそれにはコツもあるのですが、これはまたいつか〝働く女性の生活術〟とでも題した本でも出すとして、とにかく15分というはっきりした時間をつかんでいることは役に立つんです。

外へ出るまでにもし20分あるとしたら、山ほどのせんたくものでも十分干しきることが出来ると知っていると、ゆうゆうと干します。20分もあれば多分干せるだろうと分っていても、はっきりと時間をつかんでいないとしたら、干しながらどうしても時間が気になりますから、気分的にずい分違います。

これはキッチンのことでも同じで、二人分の食器を洗うのに何分か、四人分なら何分か、この料理は何分かかるか、サラダはどうか、スープはどうかといったことを知っていると、ほんとにらくなのです。

■朝の後片づけは5分で十分

朝、忙しい時は朝食の後始末は流しへ運ぶのだけがやっとだワという時があるでしょう。ところが、二人暮らしの場合、洗って、ふいて、食器だなにしまうまで5分もあれば出来るので

す。もしふかないで、自然乾そうという手ならば、洗うだけですから3分で大丈夫。

3分位の時間、どうということはありません。しかし、自分の時間を知っていないと、3分あるからせめて洗いあげておきましょうとは、まず思わないものです。

では5分あると他にどんなことが出来ると思います? 食器を洗って、ふいて、食器だなにしまうまで5分で出来るのですから、他にもいろいろ出来るものがあります。卵焼きなんて時間も手もかかりそうですが、ふつうのやり方で実は5分で出来てしまうのです。

いずれにせよ、自分が何かをする時間はどれくらいかかるかを知っていると、かえって時間に追われずにゆとりを生み出すことが出来るのです。

たしかに、時間というのはあっというまに、またたくまに、すぎ去っていくものでもあります。

あまりに時間、時間といいますと、なにかあわただしく、しつこいなァと思われるかも知れません。しかし、働く女性にとって、時間は非常に貴重なものなのですから、こだわりつづけていきたいのです。

いかにうまく時間を使うかは、いかにうまく生活するかということに他ならないのですから。

時間を追いかけていく

■時計をフルに活用する

時間を節約することだけがベターなら、食事はカップラーメンにでもすれば5分とかからない。これは極端ないい方にしても、何も早いばかりがいいわけではなく、ことに食事に手をぬいてはすぐに生活にマイナス面として出てきます。

かといって、いくらごちそうだからといっても、長々かかってはいらいらするばかり。朝食にしろ夕食にしろ、時間は限られているのです。

時間に追いかけられないで、時間を追いかけていくというのが私の理想。これはあくまで理想であって、現実はなかなかそうはいきません。それでもまあわりにあくせくしないですんでいるのは、それなりの成果もあるのでしょう。

時間に対しての私の三種の神器、いや実は五種の神器があります。ただし、これを話しますとたいていの人が「やだアなんだか時間にしばられてるみたい」と、話半分でいわれてしまうんです。というのも、五種の神器というのが――

㋑大きな掛時計
㋺目覚まし時計
㋩ジージー腕時計
㋥タイマー
㋭ストップウォッチ

もっとも、この中、掛時計、目覚まし時計はどこの家でもあると思います。タイマーだって近頃では別に珍らしいものでもないし、人より少し多いものといえば、ジージー腕時計とストップウォッチくらいかな。

タイマーだ、ストップウォッチだというくだりで「やだア……」ということになるのですが、そんなに神経質にいらいらと使っているのではありません。今では生活の中の道具としてごく自然に使いこなしています。時間を有効に使うのに実に効果があり、かえってゆとりのある時間が持てるようになりました。

㋑大きな掛時計

掛時計といえばたいていは大きいに決まっているのですが、ふちがやたらに大きくて、文字盤はわりに小さいのも中にはあります。掛時計と一口にいっても、時間というものに真剣にとりくもうとするなら、しかと選ぶべきだと思います。

わが家の掛時計は高価なものではありませんが、ぜったいにこういうのがほしいと思って探し、そして得たものですから非常に気に入ってます。

私の掛時計に対する条件は——

1文字盤の数字が装飾的でなく、はっきりとしたアラビア数字であること。鮮明で見やすいこと。なるべくなら秒針はないほうがよい。

2カチカチという音がほとんどしないこと。時計の音というのは時と場合によってはいら

いらし、気分が集中出来ないから。

といったことだけ。これを居間のもっとも見やすい位置にかけてます。電話のある場所からも見えますから何かと便利です。

たとえば煮物中であったり、オーヴンで何か焼いている時に電話があったりすると、ついそのまま出て話しこみ、こがしてしまったなんていうことがありますね。

前の項で話しましたように、私は電話が鳴って受話器を取る前、反射的に時計を見て「何時何分かァ」と確認するくせがついています。だから台所でなにかやりかけのものがある時はとても役立つのです。

話しながらも時間をさっとメモります。おなべやオーヴンを消す時間がきたら相手にそれを伝えて切るなり、中断するなりします。

すぐメモをしないと、せっかく時計を見てから電話口に出ても、いったん話し出したらガスのことなどすっかり忘れてしまうということもあるので、必ずメモるのです。こうしておくと時間そのものよりも、ガスのことを記憶しておけます。

居間のもっとも見やすい位置なので、来客の時にもいいのです。来客も私もさりげなく見えるためお互いに時間がよく分ります。掛時計をかける場所はとても大事なので、お宅でももう一度見直してみて下さい。

㈺目覚まし時計

これは今さらいうこともないものです。朝の目覚めのためにはむろんのことですが、タイマー代りとしてもタイマー入手以前はよく使ったものです。

わが家の目覚ましはベルの音が段々大きくなっていくタイプで、止めない限り長く鳴り続けるというしつこいもの。これもカチカチといわない静かな時計です。眠る時位静かにしていてもらいたいですからね。

時計によってはネジが巻きにくいものがありますが、扱いやすく見やすくが大切で、装飾性はゼロでいいと思います。タイマーがない場合、代りに使うと便利です。ただし、寝室用のをウロウロ持って歩いては忘れる場合があるため、やはりタイマーはタイマーとして買うほうがいいですね。

㈧ジージー腕時計

目覚まし時計の腕時計版です。ふだんはごくふつうの腕時計をしていますが、タイマーではかさばる場合、ジージー腕時計をします。

子どもがまだ赤ちゃんの時、目覚ましやタイマーでは目を覚ましたりびっくりしたりするものですから、ジージー時計をよくやっていました。

ジージー時計はすぐ近くの人と自分くらいしか聞こえないし、赤ん坊の授乳時間を知るのに重宝しました。外での仕事の場合にも、限られた時間内でやらねばならない場合、ジージー時

計をしていきます。あまりにぎやかなところでは自分にも聞こえないのですが、そんな時にはジージーの音をあてにしないで時々時計をのぞきますけれど。

㊁タイマー

タイマーは今や私の片腕です。ケーキを焼く時はむろんのこと、オーヴン料理にはなくてはならないものですし、それ以外にも実によく使います。お風呂の水入れ、ガスをつける時、いずれも必ずセット。

また、出かける時間の5分前には鳴るようにして、その音をきっかけにガスや電気、戸じまりをチェックすることにしています。

じゃがいもをゆでたり、ごはんをなべで炊いたりする時も必ずセット。ただでさえ時間が少ないのに、これ以上焦がしたりすることはとんでもありませんもの。焦がすということは食べるものがまずくなったり、食べられなくなるばかりでなく、なべの焦げ落しの時間がまたよけいにかかります。

働く女性は焦がすべからずとさえ思います。タイマーはほんとに使い出したら手ばなせません。

㋭ストップウォッチ

近頃はデジタルでいいのが出来ましたねえ。使った時間がパッと数字で出てくるんですもの、分りやすくていいなと思います。

デジタル式の時計は私の好みとしてなんだか想像力を働かせる余地がないのであまり好きではないので持ってませんが、ストップウォッチはデジタルのほうがいいかなとも思います。ストップウォッチは先程からいっておりますように、自分が何かをするのにどれくらいの時間を要するかを知るためです。これは面白いですよ。もっと早く生活の道具として活用していれば良かったと思います。なにしろわが家では子どものオモチャに買ったもので、使い勝手はふつうのストップウォッチとまったく同じですが、プラスチックのいかにもオモチャーという感じ。今はチビたちから取りあげて、もっぱら私が愛用しています。生活道具としてはもっとも新しく仲間入りしたものです。

これは使いはじめると自分のやることがかなりスピードアップしてきます。前は30分かかったから、よしこんどは15分でやってやろうとか、スイッチをポンと押す雰囲気がファイトをかき立てるのかもしれません。

何のために時間を切りつめるのか？

■無計画ではゆとりの時間は持てない

何のために時間を有効に使うかといえば、もっとも大事なことのための時間にゆとりを持たせたいから。

仕事をはなれて、家の中でのもっとも大事なことというのは、家族とのだんらんです。これは出来るだけゆとりのほしい時間。そして次に自分の時間。

夜ねる直前までバタバタと動き回り、ただただ忙しい日々を重ねるという人が働く女性の中ではかなり多いのです。区切りのない時間の使い方はもっとも下手な使い方です。

働く女性が夫や子どもを持っていると、夕食までの時間はよほどの協力的夫を持っている場合は別として、たいてい目の回るような忙しさです。子どもの話などろくに聞いてやれないこともあるでしょう。そんな時に限って子どもは台所の中に入りこみ、いろいろ話しかけてくるものです。

忙しいので例えいいかげんな返事しか出来ないにしても「あとでもう一度ゆっくり聞かせて

ね」とやさしくいっておくことが大切だし、事実、ゆったりした時間は、家族との対話のために必要欠くべからざるものです。

しかし、この貴重な時間を生み出すには無計画であってはむずかしいのです。

職場の帰り、夕食のための買物が思いのほか時間をとったという時など、家へ帰ってからは時間に追われつづけてしまうということになり、思いのほかという時間がかかったばかりに、貴重な時間をえぐられることにもなります。

働く女性、家にいる女性にかかわらず、子持ちの場合「早くして、早く」という言葉の多さ、これは変らないそうです。私も一日にいったい何度この「早く」をいうことでしょう。家庭での時間がただ忙しく、あわただしく、「早く、早く」ですぎた日の一日の終りは何かうらさびしい思いがしませんか。何のために働いているのか……とふと頭をよぎるかも知れません。

いや、そんな余裕すらなくバタバタしつづけて、心落ちつくひまもなく眠りにつく――というのでは、明日への気持のゆとりなんぞ生まれてきません。そんな日が二、三日でも続きますと、家族だけの人間関係の中ですらというより、家族だからこそどこかざらざらかさかさしてきます。

■忙しい日が続き、ふっと家の中を見渡すと……

私の場合、まるでドロボウのごとく真夜中が働きどきなのです。昼間は料理の撮影や料理講

師の仕事で追われ、原稿書きをするのはいつも真夜中。たいていはうまく睡眠時間を調節して、自分の体をだましだまし日常の生活に支障のないようにしているのですが、時期によって、自分の睡眠時間を数えるのも恐ろしいということもあります。

そんな日が続いて、ふっとわれに返ってみると、何か家の中にしっとりしたものが失われていることに気づきます。非常に抽象的ないい方ですが、このしっとりしたものはとても大事だと私は思うのです。しっとりしたものが失われると、家庭は危険です。子どもにもやがて影響が出るでしょう。

だから、私は多忙な日が続きはじめると、必ずどこかでふっとわれに返って、足元を見ることにしています。足元とはつまり生活、身の回りのゴチャゴチャしたもの、忙しい時は目をそらせていたい家庭内の雑事、雑用に、しゃんと目を向けてみます。

それらをのり越えのり越え生活していく、うるおいを作り出していく。これは、仕事を持つ女の一つの「覚悟」といったらいいでしょうか。

お金で買う時間とゆとり

■一人でやれることには限度がある

時間はお金で買えないといいますが、自分の時間を生み出すためには買えないこともありません。

例えば、人の手に代る便利な道具や器具によって時間の短縮をはかる。また、お金を払って手助けしてくれる人を頼む、といったことなどです。

働きつつなお料理、掃除、洗濯をやり、加えて育児中という人もあるでしょう。どんなにがんばったところで、絶対的に時間が足りないという場合、人手をお金で頼む

という手も考えていいのではありませんか。

知人のMさんは現在家政婦さんを雇っています。そのための支払いは大きく、なんと、彼女の収入から家政婦さん代をさし引くと一万円しか残りません。これも、仕事のための電話代に消えてしまい、まだ足りないくらいとのこと。人はそんなMさんを「働いていても何にもならないわね」「一体何のために働いているのかしら」と一様に同じような反応をするといいます。

ところが彼女は決して「何にもならない」なんて思っていないのです。

「私と家政婦さんは適材適所を得て働いているのだと思う。私は家事が苦手、一人暮らしなら自分のことくらいは出来るけれど、夫と子どもを持つようになった今ではすべてのことなどとても出来ない、だから出来ない部分は、夫に期待できないとすれば人を頼み、その分私は最大限に自分の持つ能力を発揮出来る仕事に打ちこむの。

何にもならないなんてとんでもない。私は自分の好きな仕事をし、それは社会の中で評価されている。もし私が仕事を持たず、苦手な家事だけを負う家庭にいたとして、家政婦さんに一円のお金も払わずにすむ生活をしたとして、一体何を生み出すと思う？　多分、生み出すものは夫へのうらみつらみとグチだけ」

お金だけを計算する人にきっぱりこういうMさんの生き方はすがすがしく、私はまったく彼女のいうとおりだと思うのです。

■家の中のうるおいを守るための方法

Mさんの家庭はいつもうるおいがあり、仕事の面では彼女の持つ才能がフルに生かされています。生活のために働いている人でないからこういういい方も出来、反発をかうこともあるらしいのですが、仕事をやりつつなおしっとりした家庭、夫との語らいの時間を得るための方法として、Mさんは選んだのです。

いずれにせよ、あわただしい日々の中にもゆとりあるひととき、心豊かな食卓を持つことは、働く女性の最大キイポイント。

このことと時間がいかに密接な関係であるか、なぜキッチンライフに時間学が必要であるか、よく分って頂けたと思います。

この章は、この本を読み終えた後、もう一度読み返して頂ければと思います。そうすると、キッチンライフと時間学がはっきり結びついて、よりいっそう効果が出やすくなりますから。

第二章
本当に合理的な買物法とは?

まとめ買い神話

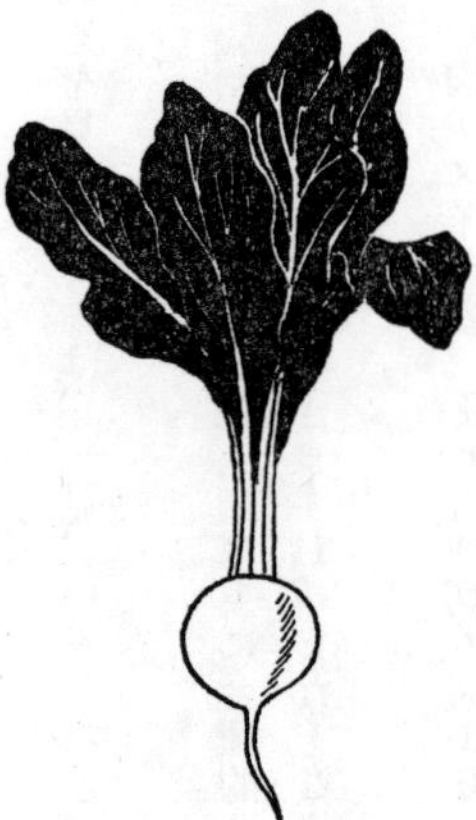

■本当に便利か疑わしい

仕事を持つ女性の買物学というと、どれも判を押したように〝一週間のまとめ買い〟案が出てきます。

しかし、実際にこれは有効かつ合理的なことでしょうか、私はかなり多くの働く女性たちにこのことを聞いてみましたが、90％の人がノーという答でした。

中には「そうしたいけど、なかなか出来なくて……」と、まるで一週間分のまとめ買いをしないやり方はいけないとばかりに恥じいる人もいるのです。

90％の女性が、一週間分のまとめ買いは実行していないという事実は、つまり、そうでない

やり方のほうがやっぱりいいということではないでしょうか。

一週間献立の出どころはどうも、広大なアメリカで、車を使わないとちょっとやそっとでは買物に出かけられないといった条件の国そのままを、このせまい日本にもあてはめようとしている気がします。

外に仕事を持つ人でも、仕事の行き帰りの道すがら、一軒のお店もないということはごくまれのようです。まして女性の場合は帰りに赤のれんをくぐるということもなく、ひたすら家路を急ぐ人が大半ですから、お店もまだ開いていることも多いものです。だから、ちょこちょこした買いものはけっこう出来るみたいですね。

一週間分のまとめ買いともなると、その量はかなり多く、車が必要です。車を持たない人にまで一週間分のまとめ買いを良しとすると、一体どうやってその大きな買物を持ち帰るかということになり、現実性に乏しい提案です。

それでも、一週間分まとめ買いのすすめが一向に衰えを見せないのは、一見、いろいろとメリットがあるかに見える点です。

私にしたところで、一週間まとめ買い神話にとびついた時期があり、机上では実に合理的に見えました。しかし、現実には日本の食生活ではかなり無理な点が出てきますし、またそこまでする必要性もないように思えてきたのです。

アメリカと日本の食生活の大きな違い、大方の食事が肉がメインの、それも薄切り肉でない

固まり肉を使うアメリカ。大型冷蔵庫、品数豊富なスーパーマーケット（その反面日本のように手近かにすぐ間に合う店々があるわけではない）、買物に便利なワゴン車の普及、カン詰料理が日常の食卓にごく自然にとり入れられている国にとっては、メリットではなく、必要そのものなのです。

日本の中で一週間分まとめ買いのメリットを探すとなると、毎日買物するのでは時間がないし、まとめてしておくと何かと便利、ということでしょうか。時間はともかくとして、ほんとう〝何かと便利〟かどうかは疑わしい。この神話、そろそろ打ちくだいて、もう少し現実味にのあるやり方でありたいと思います。

それにはまず献立づくりからする必要があります。

実際的な献立づくりを

■献立が決まれば70％出来上り

毎日「きょうはなににしようかしら」と、夕食のおかずに頭を悩ませるのは、仕事持ちであろうとなかろうと、多分同じだと思います。献立さえはっきりすれば、食事づくりの70％は出

来たようなものといわれます。

そこで、前もって、何日分かの献立をたてておくということが大事になってきます。よく雑誌などで、一週間、いや一ヶ月、いや新年号ふろくともなると一年分もの献立がのったりしますね。私もそういう献立カレンダー作りの仕事をやりましたが、すごく大変な作業です。そのわりには「これを見て、実際に毎日の献立にとり入れる人が何人いるだろう」との疑問をつねに持っています。

むろん参考程度にはなりましょうが、家族の好み、経済、その時の状態など、各々の家庭状況が違うので、献立のすべてをそっくり記事の通りにするということはあまりないと思います。献立は自分で作るのが何よりです。本や雑誌からのヒントは大いにちょうだいして……。

では自分の作った献立なら忠実に実行出来るかというと、それは献立日数の長さにもよりますね。

私の経験からいいますと、三日単位の献立づくりがもっともいいように思います。ただし、メイン料理の素材に何を使うか。とり、豚、牛、魚貝などのふりあてだけは一週間考えておいたほうが献立をたてやすいです。

水曜日を魚貝料理にしているのはこの日が中間買物日だからです。

金曜は土曜日を大買物日にしているので、冷蔵庫の整理をかねてありあわせ料理日としていますが、ありあわせだけでは無理なのでプラスα。この日は出来れば大豆製品で蛋白質をとっ

て、なるべく精進料理にしたいのです。一週間に一度くらいは動物性のものをとらないか少なくした日があったほうがいいような気がして……。

残りもの整理料理として、炒めものが一番と、家事研究家の町田貞子さんはいわれます。なるほどいい案だと思います。新しい野菜や肉をプラスして炒めもの料理に生かせば、古くなりかけた冷蔵庫内の野菜類を一掃するのにもってこいですね。

■手をかけたり、らくをしたり、リズムをつける

月曜日――豚肉
火曜日――牛肉
水曜日――魚貝
木曜日――とり肉
金曜日――ありあわせ、冷蔵庫整理、大豆製品＋α
土曜日――素材自由のごちそう日
日曜日――ごはんもの、一皿もの、火をあまり使わないもの、ときに外食

土曜日のメイン料理は素材自由のごちそう日、日頃なかなか出来ない手のかかるものなどもこの日に。熱々をいっせいに食べたい料理も家族が一度に食事しやすい土曜日に。

日曜日――この日はあまり手をかけたくないのです。日曜日は誰にとっても休日、夫が料理人間でいろいろ作ってくれるといった恵まれた妻であるならごちそう大いにけっこう。

わが家は残念ながらビーフステーキなら天下一品うまく焼くというまことに不経済人間が夫ゆえ、日曜日

も料理は私の肩にかかってます。そのうちテキはテキでもハンバーグステーキやポークソティ、チキンソティも彼のレパートリーにしてもらいたいと思っています。それでも日曜日は食事の洗いものも少なくありたいし、あまり食器が油汚れするのもいやです。そこで手軽に出来るごはんものや一皿盛りスタイルの料理、また火を使わないドイツ風夕食――カルテエッセン――にしたり。

カルテエッセンの献立は、上等のハム、ソーセージ、チーズ、サーモンマリネー、ピクルス、を黒パンなどと好きなようにして食べる夕食のこと。これには100%のりんごジュースが合います。こんな風に、非常にらくする日ももうけるために、日頃、ハム、ソーセージのたぐいをあまり食卓にのせないようにしています。

火を使わないといっても、じゃがいも程度はゆでるし、冬なら実沢山の温かいスープを添えたりもします。パンは必ずおいしいパンを。べつに黒パンに限らずいろいろとりまぜるのも楽しいものです。

食事は毎日毎日をごちそうめいたものにするよりも、起伏に富んだものにするほうが、変化もあり、リズムもあります。

おいしく作るということはいつも手をかけた料理であらねばならないというわけではありません。大ごちそうの日があったり、素朴でシンプルな食卓であったり……。むろんその起伏が、きょうはステーキ、あしたはラーメンというのでは差がありすぎますけれど。

柔軟性を持った買物法

■思いつきですぐ買わぬこと

一週間分のこまかな献立は現実性がありませんが、前述のように大まかにはメインの素材を決めておいたほうが計画的な買物が出来ます。

献立づくりは三日単位がいいとすれば、買物も三日目に一度というパターンがいいようでも、それが三日分ということとなると、仕事帰りの、急ぎ足の時にはちょっと無理でしょう。

それに、何かの都合で三日目の買物が出来ないということにでもなれば、食べるものがなくなったなんてことにもなりかねません。そこまで極端にならないまでも、三日分を三日目毎に買うというやり方ではないほうがいいようです。

たとえばこんなやり方はどうでしょう。

(イ)大買物日――大まかには一週間分

ただし、一週間分のすべてではなく、三日分の献立にそってのものと、それ以外に一週間のうちに使うであろう保ちのいいものやその他の食料品の買物日。

私の場合は土曜日を大買物日にしています。日曜よりもどちらかというと土曜日のほうが品数が豊富のようですし、生鮮食料品も土曜のほうがいいようです。それに、小売店は日曜休店というのが多いでしょう。私は出来るだけ小売店で買いたいほうなのです。スーパーマーケットはあまりにゴミを家に持ちこむところがいやだし、地元の商店を大事にしたくて。

大買物日には調味料の補充、し好品、カン詰や冷凍食品、朝食用のもの(ジャム、バターその他)、常備しておきたい人参、玉ねぎ、じゃがいも、その他の日保ちのいい野菜――かぼちゃ、さつまいも、里芋、長芋なども時に応じて。

何もない時あわてないためのもの――たらこ、ハム、ソーセージ、油揚、パンなど――(冷凍する)。

その他、役立ちそうな目ぼしいものも買いおいておきます。たとえば、シチュー肉の良いのが安く売られていたら予定にはなくても買って、ワインに漬けこみ、いつでもシチューに出来る状態にする、豚肉の固まりならば焼肉にしておく、甘塩鮭ならかす漬やマリネーにする――といった具合に、たてた献立の中にはなくても、上手な買いものをして一週間の献立の中にくみ入れていくようにします。

このやり方は材料が先に来て、献立があとからついてくるやり方です。これが何点かあるとあとがとてもらくです。

気をつけたいことは買いすぎないこと。買いすぎはお金の無駄ばかりでなく、いろいろの無

駄を呼びます。たとえば処分するための時間、労力など。予定外の買物は慎重であるべし。

㋺中買物日——週なかばにする中程度の買物日

水曜日あたりにこれが出来ると理想的。生鮮食料品の一週間分まとめ買いは否定的立場をとっておりますので、せめて生鮮食料品だけは週に最低二度の買物日がほしいです。野菜は冷蔵庫でもビタミンはかなり失われます。出来れば週の中ほどで野菜や果物も追加したいのです。

ただし、時間のない平日のことですから、思いつきで次々買わないこと。この日は原則として予定内のもののみ買うようにします。

㋩小買物日——ちょこちょこ買い

これはほんとにちょこちょことする買物で、私の場合だと金曜日の残りもの整理料理のプラスアルファや、豆腐などをさっと買ってくる程度の買いもの。

これが出来ると、大買物日に、しゃにむに買っておこうと思わずにすみます。かといって、計画もなく毎日ちょこちょこ買ってくるというのではなく、こういった買いものも、献立づくりの際に予定としてちゃんと入れておく計画性のあるものでありたいです。

■材料の繰りまわしで無駄を出さない

献立を作ったり、買物をしたあとで忘れてはならないのは材料の繰り回しです。

大根おろしにするために買った大根の残りをどうするかといったようなことです。残りの大根はなるべく近いうちに献立の中に姿をかえて登場させ、無駄が出ないようにします。

買物日に新鮮な野菜を生でバリバリ食べた後、いろんな野菜が少しずつ残ったりすることがあります。そんな時は翌日に残ったレタスとトマトを固型ブイヨンで煮てスープにしたり、きゅうりやセロリ、人参などは他の野菜と合わせたりして即席づけにしてしまうとか。

材料が余ったら余ったでまた一品作っておくといったことや、材料が残るということを予定に入れて献立づくりをするということも大事です。

近頃ではほとんどが一皿盛りやパックづめで、余分なものも買わされるので、買った材料は古くならないうちに使いきるようにぜひしたいものです。

この基本的なことが意外に出来にくく、冷蔵庫はいつも満杯状態の貯蔵庫みたいになりがちです。それでいてこれといった食べものがないという不思議な状態もあるのです。

そのためにも私は残りもの料理日をもうけました。これはなれると残りものを調べてからあれこれ考えるのではなくて、前もってあれが残る予定だからこういう料理を献立に入れようというふうにもなります。

冷蔵庫に何だか知らないけどウジャウジャ残ってる上にまたわんさと買いこんで、わんさとつめこむというのでは、必ず忘れ去る食品が出てきます。

さて、ここまでお読みになったら、ちょっと本を置いて、おたくの冷蔵庫をのぞきにいってみて下さい。

中のほうまで首をつっこみ、ふたものはぜんぶふたを開けて調べてみること。ついでに冷凍庫のほうも見て下さい。

？！……

いかがでしたか？

〝これは何だっけ？〟といったような密閉容器や、〝わァー捨てなきゃあ〟といった古びた野菜や、ハナをくんくん近づけなければならない疑わしいものはなかったでしょうか？

忙しいからこそ材料の吟味を

■失敗した料理は疲れが倍増

働く女性は忙しいから、急ぐからといって、買物にいいかげんであってはなりません。これは鉄則です。

いつぞや私は大失敗したことがあります。土曜日といえどもかなり多くの原稿書きの仕事をかかえていて、その合い間をぬってとぶようにスーパーマーケットへ買物に行った時のことです。あいにくその日は夫も子どもたちも留守、時間のことをいらいらしながらも一人で買物を

すすめていました。とにかく早く買って早く帰り、早く仕事をはじめなければと、気ばかりあせっていました。

豚肉のもも肉でワイン煮でも作ろうと思い、肉売場へ行きますと、丁度タイムサービスとかで、〝豚ヒレ肉大放出!〟の呼び声につられて見ますと、まだ少し凍り気味のヒレ肉でしたが、いつもよりずっと安値、私が買おうとしていたもも肉より安く、おまけにヒレ肉なので、たいしてよく見もせずにカゴに放りこみました。それもかなり大きなパックを。

ところが家に帰って見ますと、そのヒレ肉がジュクジュクしています。とても水っぽく、いやーな感じでした。ふと気づいたのはこのヒレ肉、多分再凍結のもの、いったん解凍したものを再び凍結し、そして解凍されるとちょうどこんな感じになります。

でもまあワインで煮るのだし、ヒレ肉だとことにおいしく出来るものなので香辛料をきかせ、ワインもたっぷりと使い、自慢のワイン煮を作ることにしました。

ところが、コトコト煮る間のにおい、どうもいつもと違います。いつもの何ともいえない芳香がないのです。

■新鮮さも味のうち

多忙な日が続き、家族にもあまりにこやかな顔を見せられなかったので、せめてみんなの好きなワイン煮をと思い、子どもたちも喜んで食卓につきましたのに家族一同

「まずーい」

ほんとうにがっかりしました。夫に

「いつもの肉屋さんの？」

と聞かれた時は（しまった！）と思いました。

お肉類は大体いつも決まったところでしか買わなかったのです。そこで買うと本当に安心だったのに、確かに時間を急いではいましたが、ヒレ肉が安い！　ということだけでろくに見もせずに買ったのですもの、安くてもまずくてはお買い徳品ではありません。

これがいつものようにすこぶるおいしかったら、妻がセカセカと落ちつきのない日をこのところ送っていることに多少の不満を持っていたとしても、舌の上でとろりととけるような味わいの料理を味わえば、ころりと食卓はなごやかになるのです。

まったくその日の私は、

〝安もの買いの銭失ない〟と〝急いてはコトを仕損じる〟といったことわざが生きに生きた日でございました。

カン詰か何か急きょあけ、家族一同味気ない食卓をかこんで、私はどっと疲れが倍加したような思いがしたものです。

しかしことわざといえども〝腐っても鯛〟などという言葉は信じてはなりませぬ。

〝やや古いヒレ肉〟より〝鮮度の良い並肉〟のほうがよほどいいのです。肉類、野菜、パン、

その他いずれの食品にしても、新鮮なことは買物学の重要なポイントです。まさに、

〝新鮮さも味のうち〟

これは現代のことわざにしたいもの。

冷凍食品について

■冷凍食品イコール手抜き?

いつぞやテレビでこんなのを見ました。食をテーマにしたもので、買物している女性にマイクをむけ、おたくの食生活はどんな点に気をつけているかと問いかけているのです。その中でもっとも多かった答が、

「うちではぜったいに冷凍食品を使いません」

というもので、食生活を大事にする人間は冷凍食品を使うなんてとんでもないという姿勢が、そう答えた人たちに満ち満ちていました。

ある人は、「いくら手抜きしても、冷凍ものだけは使いません」とふん然といい切り、聞いている方は、逆に冷凍食品さえ使わなければ、どんな手抜きをしてもいいということかなと、

ちょっと分らない心境になりました。

冷凍という言葉からくるイメージは、どうも昔の、活魚にくらべての遠海ものの冷凍魚というあまり良いイメージではないものがしみついているように思えてなりません。

それと、若い人には冷凍即インスタントの既製品という、手抜きの代表のイメージがあるのでしょう。でも、冷凍食品というのは、なにも温めるだけでOKのハンバーグや、中身ほっそり衣ぼってりのえびフライだけではないのに、きっとそれだけのものと思われている人が多いのでしょうね。

しかし、市販の冷凍食品も、上手に利用するとなかなか重宝するものも近頃ではかなり出回ってきました。

たとえ冷凍食品でも、吟味して買い、手と心を少し加えて食卓にのせれば、手作りといえどもお茶づけサラサラというわびしい食事より、はるかに豊かな食事をとることも出来るのです。

■コツはわが家の味への組み入れ方

ここで冷凍食品というものを三つほどに分けて考える必要があります。一つはうちで作る冷凍食品、もう一つは市販品の中でも素材的なもの（ミックスベジタブル、里芋など）、それから完全調理されたもの（ハンバーグ、ぎょうざ等）です。

合理的なキッチンライフが話題になる時、必ずといっていいくらい例の一週間献立まとめ買

いのごとく、フリージングライフなるもののすすめが出てきます。

確かに冷凍食品を作りおいておくと便利ですし、まして自家製となるとあるにこしたことはありません。ただ、自家製冷凍食品製造のために、かなりの時間をさくというのであれば、それほどまでして作りおかなくてはいけないかと疑問に思います。

私自身は、種類をごくしぼって、何点かの自家製冷凍食を作ってはいます。たいていはついでに作っておきましたというもので、冷凍のためにわざわざいつも作るのはミートボール（171頁参照）くらいです。あとのものは、少し作っても多く作っても手間は同じというものを小分けして冷凍してあります。

じゃがいもや里芋といったものを、冷凍食品としておくためにのみ皮をむき、ゆで、凍らす

という人がありましたが、私だったらこういったものはさっさと冷凍として売ってるものを買ってフリーザーへポン。

里芋の皮をカユカユになりながらむくのも大変だし、あたりはずれがあって生のものの中にはひどいいたみのあるものもあります。その点冷凍のはそんなことがありません。わざわざ冷凍にするためだったら迷わず半調理のものにして、生からのものはすぐ料理してすぐ食べちゃいます。

じゃがいもは冷凍するとおいしくないのでやりません。でもフライドポテトはとても重宝、私はギザギザ切りでないストレートな形のを選んで買い、少しでも冷凍ものらしくないようにしています。

毎日の食事づくりは働く女性にとっては本当に大変で、時には重荷となってどっと肩にのしかかってくる思いになることがあります。

食だけは手を抜きたくないという姿勢をもてば、手を抜かないためにはどうすればよいか、いつも心豊かな食卓にするにはどうすればよいかと考えたら、ここに、冷凍食品やカン詰めを組みこんでいってもいいのではないかと思います。手をぬくというより、ふーっと息をぬくことも、働きながら食生活も大事に考え続けていく手だてかと思います。

おそうざい売場利用法

■人にはそれぞれ事情もあり、都合もある

このタイトルを見るときっと世の多くの人たち（男女を問わず）のヒンシュクを買うことと思います。

以前、講演で、食に関わる話をした時のことです。こんな話をしました。

「私はとにかく好奇心の旺盛な人間ですから、食べもののあるところことごとく首をつっこみたいほうなのです。

デパート地下も例外ではなく、あの地下のおそうざい売場のショーケースの中をつぶさに見て歩くのが好きだし、感心してしまいます。作り手のイマジネーションの豊富さに、料理研究家の私でさえシャッポをぬぐくらいです。ちょっと考えられないような素材のくみ合わせがあったりして、どんな味がするのかムクムクと好奇心が湧き、思わず100g買って味見をしたものもいくつかあります」

といったようなことを自分では面白おかしく話し、大いに共感も得たのですが……。

ところが後日、こんな噂が私の耳に届きました。ある人がこの話の部分をとらえて、「まったくあきれた。料理のプロともあろう人が、デパートのおそうざい売り場でモノを買うなんて、まったくあきれ果てた」と、実に実にあきれ果てられたとのこと。その人は多分良妻賢母で、おそうざい売り場にむらがってる女性たちを見ては眉をしかめ、世も末だと思っている〝わが家はすべて手作り〟派に違いありません。

それはそれで至極立派で、こちらとしてはほめる以外にないのですが、私は、世のヒンシュク派ほどおそうざい売り場で買う女性たちをあきれた目で見る気がしないのです。

人にはそれぞれの事情があり、都合があり、私のように好奇心から出た味見ゆえに買うのでなくて、確かに夕食のおかずにと食卓にのせるために買う人もあるでしょう。

どうしても時間がなくてあわてて何かを買ってとにかく夕食の時間に間に合わそうという人かも知れません。気分が悪くて、きょうは買ったおかずでがまんしてもらおうと、心痛みつつ買ってる人もいるでしょう。ひとり暮らしの老人もいれば、ひとりぐらしのOLがたまに煮豆が食べたいと買うこともあるでしょう。

どうしてそう軽蔑するのかなァと思います。ひまがあるのに作るのがいやで、いつも買ったもので間に合わすといった人だけがおそうざい売り場にいるわけではないと思います。

本当に時間がなくて、それでも殺伐とした食卓にだけはしたくないと思ってる人が、たまにおそうざい売り場を利用してもいいではありませんか。

■買ってきたものに自分なりのやさしさを加える

ただ、そんな時は、買ってきたものをポンとお皿に移しただけというのでは、やはり味気ないですね。例え買ってきたおそうざいではあっても、自分のものとして出す演出はほしいです。それは何も買ったものをさも私が作ったのよ、という顔をするためにするのではなくて、買ってきたものに、自分なりのやさしさと思いやりと少しのうしろめたさをこめて食卓にのせたいのです。時間がなくて買ってきたのですから、それにやたら手をかけては無意味で、ほんのささいなことでいいのです。

近頃はおそうざいといえども有名なレストランやお料理屋さんの出店の高級おそうざい売場が増えました。嬉しいことに、値段も手ごろというのも多く、手間やその他のことを考えると、そう高いものにつかないようです。たとえばそんな中のひとつ、卵焼きで有名なお店のものを買って帰ったとしたら、少しの大根おろしでも添えることが出来れば、それだけでも違います。

「きょうは時間がなかったので買っちゃった、ここのとってもおいしいんですって」と、堂々と買ってきたことを、カラリといってのけてもいいと思いますよ。

またある時は、ロールキャベツ（ただし中身がちゃんとつまっていてほしいので、あまり安くないもの）を買ってきて、わが家の味に煮直したり、きんぴらごぼうは水を少し加えて味を

薄め、いりゴマをたっぷり加えたりして、そ知らぬ顔で出してもいいではありませんか。

息切れしそうになるほど無理な生活をするよりも、世のくそまじめ派のヒンシュクを多少なりともかうことはあるにせよ、まあいいではありませんか。どうにも大変な時は、うまく上手に切りぬけていくのも、働く女性の知恵ですもの。

朝食の用意をどうするか

■育児書からヒントを得た朝食のパターン化

私が何年も前から続けているものに朝食のパターン化というのがあります。つまり、毎朝、何を食べるかをばっちり決めているのです。これは、実はスポック博士の育児書からのヒントです。うちの子どもたちが離乳食期の頃、朝、過不足なく食べさせるために、スポック博士の育児書にある朝食の項が非常に参考になりました。それがとても便利だったものですから、子どもたちの成長と共に、食べるものは少しずつ変化させながらも朝食パターンを守ってます。

では朝食のパターンとは——

①洋風タイプの場合

シリアル（パン、コーンフレークなど）——A
乳製品（牛乳、チーズ、ヨーグルトなど）——B
卵料理（ゆでたりいためたりいろいろ）or他の蛋白質——C
飲みもの（コーヒー、紅茶、果汁、野菜ジュース）など——D
果物or野菜（ない時もある）——E

というふうにしています。すごくいろいろあるように見えますが、例えば——

{チーズトースト　AB
{ゆで卵　C
{トマトジュース　DE

といったメニューでも、前記のすべてのものがとれています。例としてもう少しあげてみましょう。

{コーンフレークス（牛乳、バナナ、はちみつ入り）　ABE
{いり卵　C
{コーヒー　D

｛バターロール　　A
　目玉焼き（生野菜添え）　　CE
　ミルクティ　　BD
｛食パン　　A
　牛乳　　BD
　ハムorソーセージ　　C
　果物又は野菜　　E
｛オートミール（牛乳、はちみつと共に）　　AB
　ゆで卵　　C
　オレンジジュース　　DE

どれも簡単なものばかりですが、ABCDEのすべてがとれています。こんなふうにして、ABCDEにあてはまるように考えていくと、献立がすぐ浮かびます。いっそ一週間の朝食献立を毎日バラエティを持たせるように作っておくと、月曜はチードトーストの日だなとかいうふうに子どもでも覚えられ、家族も手伝いやすくなります。

㋺和風タイプの場合

朝はごはんとみそ汁でなくっちゃあという和食党には——

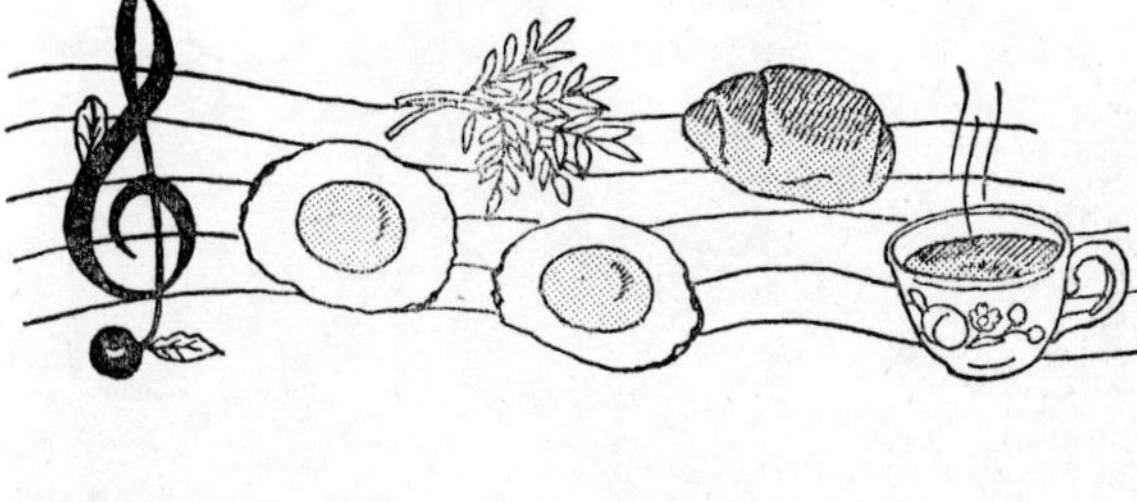

ごはん――A
豆製品、干物、小魚、常備菜など――B
卵――C
汁もの――D
野菜 or 果物――E

具体的な例をいくつかあげてみます。

ごはん　A
みそ汁（卵入り）　CD
煮豆　B
ほうれん草おひたし　E

ごはん　A
大根おろしと白すぼし（レモン添）　BE
生卵　C
みそ汁（わかめ）　D

ごはん　A
納豆（うづら卵入り）　BC
みそ汁（青菜、うすあげ）　DE
即席づけ　E

和食もこうしてパターンにはめこむようにするととてもらくです。

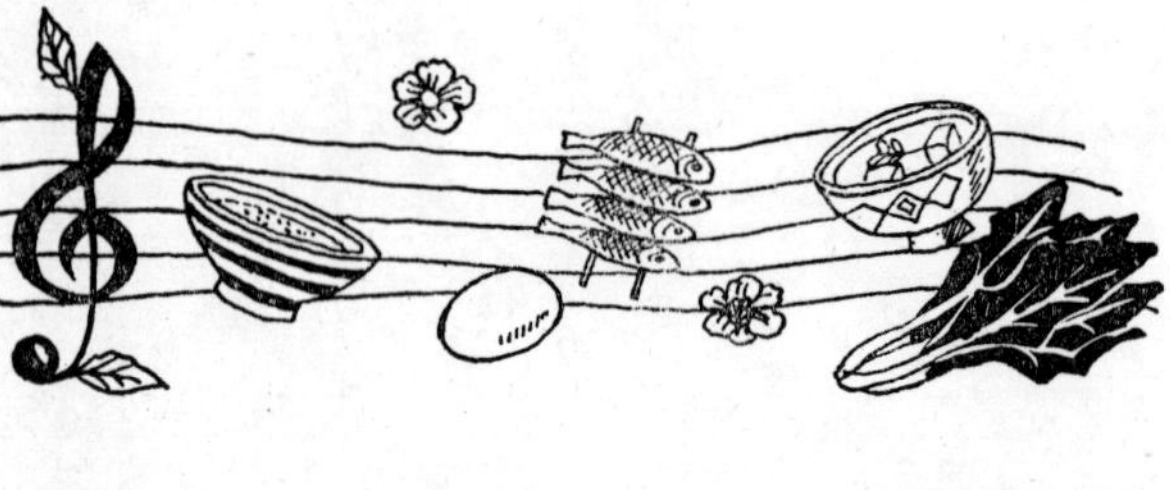

これに焼きのりや香のものを添えれば、手のかかっていないわりに立派な一品が出来ます。

洋風も和食も必ず卵を入れていますが、おひるのおべんとうや夕食に使う予定がある時ははぶいてもいいですね。

■各自使った食器は洗って出掛ける

朝はそう油ギトギトのものはやらないようにして、お皿やおわん位は自分のものは自分で洗ってざるにあげるというふうに各自がすると、片づけものも非常に短時間ですみます。

仕事がすんでやれやれと家についたとたん、台所に朝の洗いものがワンサというのでは、いくら家族そろって朝食をきちんととり、気持の良い朝をすごせたとても、ほんとにうんざりします。夕食づくりにとりかかる時、ぜひとも流しには何も残っていない状態であるようにしておきたいものです。

第三章
手際よく台所仕事をするために

私の台所整理法

■なぜ、こうも使いにくい台所が多いのか!

毎日使う台所がどうあるべきかということは、働く女性にとって、台所仕事が効率よくできるか否かに大きくかかわってきます。

インテリア雑誌や女性雑誌にのっているピカピカの台所。出ているものといえばスウェーデン製の美しいホーロー鍋かヤカンが一個、収納だなは十分すぎるほど。ここでほんとに食事を作っているのかしらといったすばらしくきれいな台所。こんな台所を使っている人はごくごく限られた人でしょう。

そんな台所を使っている人にとってはこの章は不要です。大方の人は、自分の台所のせまさ、

使いにくさをあげています。

台所というのは、面積に比して（だだっぴろい台所は例外）非常に物の多いところです。それも、生活の道具として必要なものばかりなので、容易に減らすことが出来ません。

ましてや日本人の食生活は和、洋、中華、だけでなく最近はありとあらゆる料理をとり入れていますから、食器はいうに及ばず、油ものに使う鍋ひとつとっても、フライパン、中華なべ、天ぷら鍋と三種類持っている人もあって、まったく種々雑多。

私は食器や台所道具を選ぶ時、使い勝手と同時に必ず整理しやすいか、収納しやすいかを考慮に入れた上でかなりきびしく選ぶようにしています。

それにしても、台所という、昔は女の城であった場所が、なぜこうも使いにくい設計なのでしょう。流しひとつとってみても、今でこそ改良されてきたものの、まだまだ満足とはいえません。

これは多分長い間、男の人が設計しつづけてきたからに違いありません。それも、きっと台所で立ち働くなどといったことにまったく無縁であった人たちによるもので、使いやすさなどといったことにはほとんど配慮されていなかったのです。

使いやすい台所をつくるのは、働く側のことではなく、台所の作り手に負うところが非常に多く、こればかりはお手あげといったこともなきにしもあらずですが、しかしそんなことばかりいってもしかたありません。現実にはなんとか使いやすく、働きやすくしていかなくては

……。

■しまい込むだけが整理法ではない

台所の設備は動かしようがなくても、その中で、いかに台所仕事をスムーズに進ませるかの余地は大いにあります。

家事研究家の方々は、出来るだけモノを外に出さず、おなべなども使わない時はすべてしまっておくようにいわれます。

私は、幸か不幸か、すべてのものをしまっておくほど収納力豊かな台所に住んだことがないので、すべてをしまっておく良さを知りません。それに、負け惜しみでなく、なべやボールなどを全部しまいこむのを、そううらやましいとも思わないのです。

あるきれい好きの友人宅で、台所仕事を手伝った時のことです。彼女はなにもかも流しや調理台の下にしまっているのですが、そこを開くと、プーンとカビのような何ともいえぬ匂いがするのです。それは多分、おなべなどが完全にかわききらないうちにしまいこむための湿気の匂い。

モノの出ていない、一見清潔な台所が、戸だなの戸をあけたり引出しをあけるとプーンとするなんて、ちょっといやではありませんか。

友人にさっそく忠告すると、「そうねえ、おなべだからってついさっさとふいちゃうのよ。

私もなんだかこの戸だな、いやな匂いと気にはなってたの」と、あわてて なべ類を出し、ガス火で完全にかわかしました。

だから、しまいこむのは良くないというのではありません。しまうためにはやはりそれなりに清潔でなければかえって中身は薄汚れた台所ということになります。

とにかく働く女性の台所は、無駄のない、合理的なものでありたいのです。忙しさゆえ不潔になりがちというふうにだけはなりたくありません。

あなたの台所、目を閉じていろんなものがとれますか？ 目を閉じて、どこに何があり手さぐりだけでほしいものを取り出せますか？ この答がイエスだったら、働く女性の台所としてまず合格です。

というのは、目を閉じていても目的のものが取り出せるということは、ぎゅうぎゅうづめでもなく、いっぱい重なっているわけでもなく、まっ暗な中でも取り出せるほど、何もかもが取り出しやすく収納されているということなのですから。そのためにはすべてをしまいこむだけが整理ではないことがお分りでしょう。

今、現在の自分の台所を、目を閉じてでもほしいものが取り出せるという整理を考えれば、実に使いやすくなるはずなのです。

■モノが出ているからこそいい雰囲気

以前、私の住んでいた家の台所は現在よりもせまくて、収納場所がとても少なかったのです。そこでどうしてもモノを出しておかざるを得ませんでした。モノに対して台所の収納面積の絶対量は少ないのですから、どう工夫したところでモノ類をしまうという形には出来ません。

ごちゃごちゃとモノが出ているというのは、台所によらず見苦しいものです。だからいっそ、モノが出ているからこそ良い雰囲気、というふうにしようと思いました。そして使いやすくということになれば、むしろ出ているほうが便利です。

手の届く、ちょうど良い高さの所に戸だながあるのならいいけれど、そうでなくて、毎日使うものを流しの下や調理台にしまいこむのでは使う度にかがんで取り出さなくてはなりません。それもおなべをずらりと一列に並べるほどのスペースがあれば別ですが、たいていはいくつか重ねてしまいこみます。急ぐ時にかがんでそのうちのなべの一つを取り出すというのもけっこういらいらするもの。

その点、なべ類が出ていればすぐ使えます。又、いつもかんそうしています。出ていることの良いこともいっぱい。

沢山のなべや、ボールや、しゃもじや、その他の山のごとき台所用具を前に、私は台所にどかんと坐りこんでレイアウトを考えました。

棚はたいていの家の台所にあり、なかなかに便利なものだけれど、どうも美的ではありません。表に出ている棚は見て美しくはなりにくいものです。

そこで、私はつるす収納を考えました。それも、この山のごときほとんどすべての台所用具を。

台所を入ってすぐ正面のところに小さい窓があり、その下が壁で空間でした。そこは居間から丸見えのところです。そこへまず白いハンガボードをとりつけました。つるすのはその壁面と、調理台、ガス台の上をすべて利用します。

その前に、台所の小窓に明るい赤のギンガムチェックのカーテンを作りました。それだけでもなかなかいい感じになりました。さてこれからがつるす作業です。

■すぐ使える、すぐ取り出せることの便利さ

以前、テレビの仕事でかなりの数の料理店の台所を取材したことがありますが、どのお店の台所も、ずらーっとなべ類がぶら下っていました。

料理店といえども、小さい台所もありました。しかしさすがその道で生きているだけのことはあり、実にたくみに、使いやすくレイアウトされていたのです。有名ホテルの台所もやはりなべ類はずらりとぶら下り、毎日使うにはこの方法が一番なんだなと、印象に残ったものです。

そこでわが家もつるす収納にすることにしたのですが、ただし、めったに使わないものは下

の戸棚に収納。使う頻度《ひんど》が少なくてはほこりがつきすぎますから。

居間から丸見えということから、決して見苦しくないように自分の使い勝手も良いようにと考えつつ、長い時間かけてぶら下げ作業をいたしました。

その結果、ほんとに使いやすい台所になりました。たいていの人が感心してくれて、小さくてせまいその台所がなんと雑誌の写真に二回ほどとり上げられたくらいです。(口絵参照)

せまいからこそ、使いにくいからこそ工夫する楽しさもあり、その台所が私は大好きでした。

私はどうもぶら下げ魔の傾向があり、現在の台所でもつるす収納、見せる収納をしています。

今の台所は手頃な壁面がないので、前とは違うぶら下げ方、レイアウトをしています。そのために、外に出ている棚というものをすべて取り去り、つるすだけの収納法です。

せまい台所をお持ちの方はしまいこむための苦心ばかりせず、開き直って、見せる収納をぜ

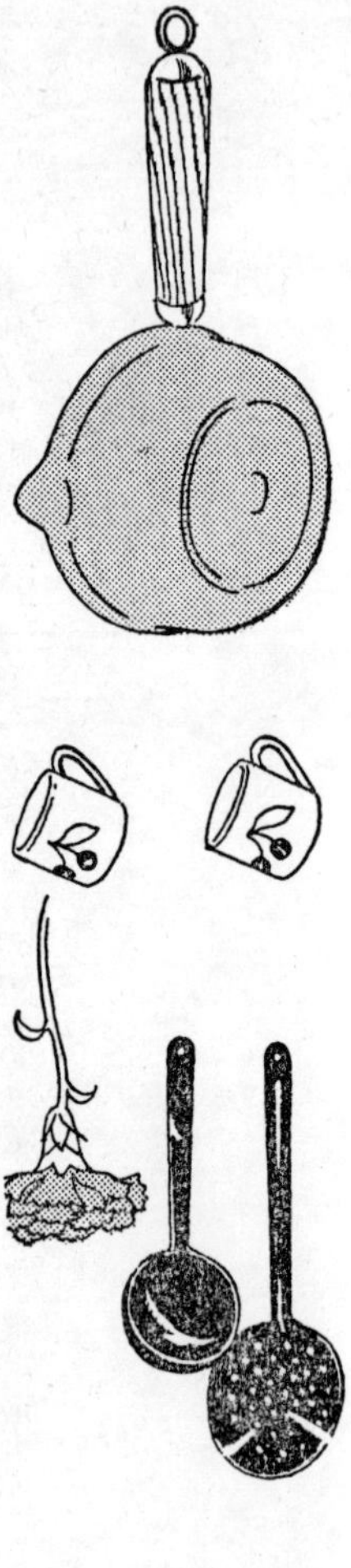

ひ試みて下さい。働く女性にとって、すぐ使える、すぐ取り出せるということは、最大のメリットなのですから。

なべ類はどれだけ必要か

■ほとんどの人が使わないなべを持っている

台所にあるなべかまの数、種類によって、台所仕事がはかどるかどうかかなり関係があります。

この章を書く前に、キッチン用品の数、種類などについて、働く女性たちにアンケートをしてもらいました。

結果は実にさまざまで、食生活が個々の家庭によってさまざまなのだから当然といえば当然ですが持ち数、なべのそろえ方など個々によってあまりに違うので意外でした。

なんとなく働く女性という共通したものがあるため、似通った部分がもっと多いと思っていたのです。似通った部分といえば、なべやボールやざるの持ち数が非常に多いこと。これは少しおどろきました。働いている人の台所はかなりシンプルに、かつ合理的に考え、そろえられ

ているのではないかと考えていたからです。

大体一人平均ふつうのおなべの数が8個、それ以外フライパンや中華なべ、蒸し器などが4〜5個、全部でなんと一家庭のなべ類が12〜13個という多さ。

もっとも多い人はなべ類16個！　少ない人で6個。平均12〜13個という数も私には多すぎるように思うし、アンケートに答えてくれた人の中にもおなべの三分の一は使っていないとありました。その上ほとんどの人がホットプレートを持っています。ところが、使っていて便利なものの中にこのホットプレートがほとんど書かれていないのです。

次にボールの数、これも多くてびっくり。7個も持っている人がいてどうしてこんなにいるのか不思議です。少ない人は2個でしたが、大体4〜5個持ってます。

私は料理が仕事ですから、なべだけはかなりよく考えて揃えております。使わないなべというのはまったくありません。どんなに大きな料理の撮影もうちの台所で、手持ちのなべだけでやりますが、それでもこんなに沢山は必要ないのです。

アンケートの中のなべのうちわけは千差万別ですが、同じ位の大きさ、深さのなべが二つあったり、フライパンを3個も持っていたり（30、25、20センチ）、また中華なべとフライパンが3個と天ぷらなべという具合に鉄なべだけでも5個もあって、よく収納出来ると感心してしまいます。

なべは、少なすぎても不便ですが、多すぎても台所が繁雑になります。

■ボール は3個で十分間に合う

なべの多さもさることながら、ボールの数の多さにおどろいたのは、料理が仕事の私でさえ、ボールは3個で十分だからです。以前、実は私もボールを6個も持っていた時期がありました。3個すでに持っていたのに、これぞ！と気にいった大中小のボールを見つけて3個加えたのです。前から持っていたのも捨てがたく、あればあるで便利とばかりに6個使っていたのです。

そこではたと、あれっ以前は3個で十分だったのになんで6個も私は使っているんだろうと、すぐに以前の3個を人にあげてしまい、以来ずっと3個です。とても使いやすい大気に入りのボールなので、3個がフルに活躍し、まったく足りています。

私のお気に入りのボールとは――

直径13センチ、17センチ、20センチと大中小あって、どれもふつうのボールよりずっと深めです。そのため、ケーキを作る時に卵白を泡立てるのにとても良い具合。

果物や野菜を洗うのにも深めだから具合がよいのです。注ぎ口がついているのも便利。それに、より便利なのは、ぶら下げられるように丸い輪の取っ手がついていることです。私は〝ぶらさげ魔〟と自称してもいい位なので、三つ重ねてぶらさげることが出来るというのは実に嬉しいのです。

こんな便利で使い良いボールは他にないと思える位、好きなボールです。ほんとにどれもフ

私の持っているなべ類

①**直径14センチの小なべ**
牛乳わかし、おべんとうのおかず作り、注ぎ口がある。

②**直径16センチ、深めの片手なべ**
汁物、煮物用に。

③**直径18センチ、浅めの片手なべ**
手頃な大きさなので実によく使う。ゆでる、煮る、その他。

④**直径20センチ、深めの両手シチューなべ**
ほうろうの外国製品。厚手なのでこげにくい。四〜六人分のシチュー、カレーに最適。

⑤**直径22センチのざるつきゆでなべ**
薄手のアルミ、米国シアーズ製。なべに合わせて深い同質アルミのざるがついています。ゆでるだけでなく、菜っぱやもやしを洗うのに便利で、このざるのおかげで、わが家は今まで持っていた深めのざるを追放。スパゲッティをはじめとして、大きなゆでものすべてこれでやります。こんなに重宝するとは思っていなかった、なくてはならないおなべ。

⑥**直径28センチの無水なべ**
無水なべは実にいいと思います。多勢の時のシチュー、カレー、煮こみもの、豆類となんでもござれです。スノコも買ったので、蒸し器としても使えます。

⑦**直径30センチの鉄なべ**
中華なべより底が平ら。安定感があります。業務用の店から、重くてうんうんいいながら買ってきたもの、炒めものはいうに及ばず、ぎょうざ、天ぷら、すき焼き、おでん、すべてこのおなべで間に合います。

⑧**直径20センチの鉄なべ**
煮魚、煮もの、かす汁などの汁もの、ちょっとした天ぷら、炊めものにとても便利。つるがついているので食卓に置いてもいい感じ。

⑨**12センチ四方の角玉子焼きなべ**
もう十年以上使っているので、よく焼きこまれたスズ製。

ルに役立つので、3個あれば十分。もし、あなたが3個以上ボールをお持ちなら、この際減らしてみませんか。

急に減らすのに勇気がいるなら、3個だけ出してあとのはかくしてしまいます。多分そのうちかくしたことすら忘れると思うのですが。

■余分ななべは1個もない

前頁の表のとおり私の持っているなべ類は全部で9個です。多くも少なくもありませんが、先程のアンケートの答えのなべの持ち数平均12～13個というのに比べればずっと少ないです。この数、この種類が私にとって最も好ましく、とても満足しています。

ざるもそう多くは必要ないように思えます。私は深めのざるは例の西武のシアーズのざるで間に合わし、後は平たいざると、小さい手のついたざる（だしこし――これがまた便利！）が1個。アンケートのざるの持ち数よりうんと少ないほうに属します。

■時々台所用品の総点検を

おなべの持ち数平均12～13個、ボールは4個位、と聞くと、わァ多い、私はそんなに持っていないと思われることでしょう。でも一度この際総点検してみて下さい。自分でも意外なほど多くの数を持っているかも知れません。そして、それがほんとうに使いこなされているかどう

か、無くて済むものはないかを、調べてみられることをおすすめします。

休日の日など、時々私は台所に立ってぐるりと見回したり、ありとあらゆる引出しや戸棚をあけて、ほんとに必要な、私にとって愛すべきものたちだけでかこまれているだろうかを調べるのです。台所用品のどれも手ばなしがたく愛着あるものでありたいのです。

結婚式などの引出物の中にも気に入って役立つものもありますが、そうでないものの場合、いさぎよく誰か役立ててくれる人にもらってもらうことにしています。たとえお玉一個、ゴムベラひとつにいたるまで、私のお玉、私が選んだものでありたいと、頑固に思っているのです。だから、どんな小さいものでも、台所で使うものは特に吟味することにしているのです。

台所を大事にする、食事を大事にするということはそういう小さいことも大事に考えていくということだと思うし、実はそのほうが同じ料理を作るにしてもずっと楽しく、能率的だからです。

便利なキッチン用品

■片手で使える道具類

毎日のように台所で使うなべをはじめとしたキッチン用品が使い良いかどうかで、キッチンライフの能率はずいぶん違ってくるものです。いい道具を持つということはスピードアップにつながり、それだけに能率的というわけです。

片手の中に入るような小さなものでも、台所仕事の大きな助け手になることがあります。その筆頭はまずこれでしょう。

㋑じゃがいも皮むき

にんじんとか大根の皮をむくふつうの皮むきを知らない人はありませんが、じゃがいもの皮むきはまだあまり知られていないようです。使い出すとやめられない便利なものですが、メーカーによってとても使いづらいのがあり、包丁でむくほうがよほどらくだと思いました。

私の持っているじゃがいも皮むきは単純なデザインのもので、それだけに使いやすくて手ばなせません。西ドイツ製のものです。ただし、西ドイツ製は他にも出ていますから一概に西ド

イツのがいいとはいえません。
じゃがいもは好きだけど、皮をむくのがねえという思いを持つ人は必需品。じゃがいものぼこぼこしたカーヴにそって刃がくるくる動き、すいすい皮がむけるのです。値段も安く、引き出しのすみにでも入れておける小さいものですからぜひおすすめします。

㊁トング

トングというの御存知ですか。赤ちゃんを人工栄養で育てたことがある人なら、哺乳びんを熱湯消毒する時につかみ出すものがあるでしょう。あれがトングです。
日本人にはおはしというものがあり、菜ばしさえあれば大体こと足りるものですが、このトングは使ってはじめて、よさが分るというものです。肉をうらがえしたり、フライを揚げたり、煮くずれそうなものの中身を動かしたりと、おはしよりはるかにやさしくつかめるものです。おはしでは重い、つかみにくいという時、トングはらくにつかめるのです。ほんとにこれは使ってみないとよさが分りにくく、説明もしにくいのですが。

㊂キッチンばさみ

今更いうまでもないもので、たいていのおうちにあるものだと思います。しかし、これもピンからキリまであり、ピンといっても五千円どまりでしょうが、キリは四百円ぐらいであるんです。でもこれは安物でないことがぜったい。いいキッチンばさみは、紙を切ろうと布を切ろうとびくともしません。

これ一つあればはさみが必要な時はすべて間に合うと思えるくらい、よく切れるものです。ゆでた栗なども包丁で切るよりキッチンばさみで切った方がずっと簡単に切れることを知人に教わり、以来ゆで栗ははさみでチョキンチョキン切っております。

㈡せんぬき、缶切り

これは、こういう缶切りがとてもいいですよ、というのではありません。もしビールをしょっちゅうのむ家庭なら、せんぬきはいつもいります。台所には出来るだけ無駄なものはおきたくありませんが、しょっちゅう使うもので、安くて場所もとらないというのであれば、2つ、3つあったほうが便利です。たった1つのせんぬきのために、ここにもない、あそこにもないと大さわぎして時間ばかりとることを防ぐためです。缶切りも同じ意味で。

㈭スケッパー

パイダネを切ったりするケーキ用器具ですが、とうふを切ったり、みじん切りした野菜をかきあつめて器に移したりするのにとても便利で重宝しています。

㈬包丁

包丁はふだんよく使うものはぜひ2本必要です。いくらよく切れる包丁でも、1本で何もかもというのはよくありません。

魚や肉に使ったすぐ後でサラダ用の野菜を切るということにならぬよう、最低2本は必要です。そしてつねによく切れる状態であること。包丁がよく切れないといらいらするものです。

ステンレス製はさびないし見かけも良いのですが、よほど良いものにでも当らない限り、だんだんに切れなくなっていきます。

さびる点をのぞけば、鉄製のが何よりですが、手入れもいります。そこでステンレスに鋼を割り込んだ割りこみ包丁が使いよいように思います。包丁は当りはずれがありますが、選ぶ時は慎重に選びたいものです。手の持つところがあまりに軽いものより少し重みがあるものを。

包丁は日本製が断然良いように思います。日本はまな板を必ずといっていい位使いますし、日本で作る料理にはどうも日本の包丁が一番のように思えるのです。

■両手で使う道具類

次は少し大きなキッチン用品を考えてみましょう。

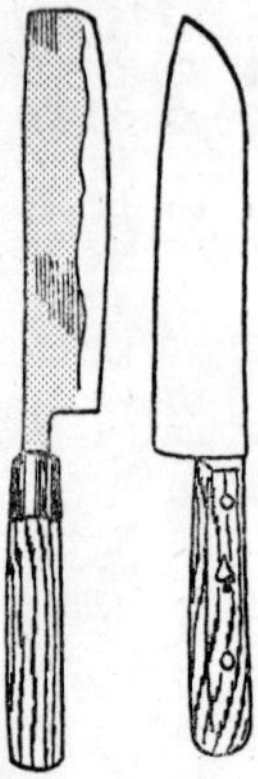

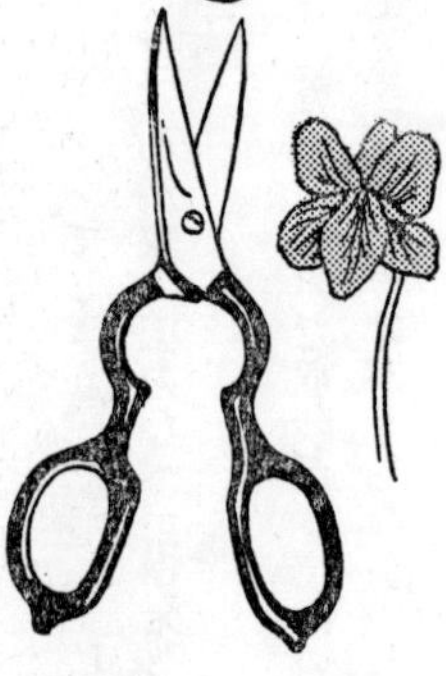

㋑圧力なべ

圧力なべは時間の節約でいうならナンバーワンでしょう。ただし、私は使っていません。まったく単純な理由があってのこと。幼い日、わが家の圧力なべが爆発し、ふたがまるで空とぶ円盤の如く舞い上り、その迫力ったら！

もう30年以上も前のことで、現在の圧力なべはそんな危険がまずないことは分っているのですがだめなのです。幼児体験とは恐ろしく、誰ひとりけがもしなかったのに、圧力なべはこわいと体にしみこんでしまったんですね。

父が、便利なものならどんどん新しく家の中へとり入れるという人だったものですから、圧力なべも早くから家にあったのだと思います。そういう経験がなければ、現在、多分わが家に圧力なべを加えているでしょう。

きっと、とても便利なものだと思います。

使っている人の話では、使い方になれて、料理のレパートリーを多く知っていれば、手離せないほど重宝なものとのことです。

そんなわけで、私は圧力なべのことは語れないのです。その代りというわけでもないのですが、無水なべは古くから持っていて、圧力なべの便利さを知らないものだから、無水なべで今のところ十分重宝しております。

シチューなべを一つ買うなら、無水なべを一つ買うことをおすすめします。

以前住んでいたマンションの台所。どこにでもあるごく普通の台所。
まさに狭さに挑戦でしたが、とっても気に入って使っていました。
(写真提供＝女子栄養大学出版部)

現在の台所です。なべや道具類をぶら下げているのは、あの孫悟空の如意棒。窓側にステンレスの棚がついてたのですが、私はそれでは工夫がないように思えて取り除きこのようにしました。一番左は取手のついたボール大中小３個、その隣りは漉しザルです。なべのふたはすべてレンジの上にかけてあるので、いざ料理という時にさっと使えてとても便利。

左上が西武シアーズのザルつきなべ。右上が長年愛用の油漉し器。そして下が揚物をはじめ多目的に使える鉄なべ2個と卵焼き器。どれもとても使いやすく、毎日大活躍です。

これがなくては大変大変！ 左上から丁度1カップの柄つきカップ（バターをとかしたりするのにとても重宝）、そして、このカップや小なべをレンジにかける時の必需品の五徳。左下はタイマー、その隣りがジャガイモ皮むき器、その隣りがトングです。

朝食の食卓作りは子どもたちの仕事。すぐにセットできるよう、手がとどきやすい高さに和洋一式すべてキチンと収納されています。

近頃アメリカ製ので、圧力なべと無水なべの中間のような、非常に厚みのある、値段のすこぶる高いなべが通信販売などで出回っているのがあります。確かに熱効率は良いのですが、浅いなべはどんなに弱火にしても吹きこぼれる恐れがあるので、買うとしたら必ず深いものを。

㊁無水なべ

無水なべは、シチュー、煮豆、煮物、蒸しもの、赤飯など、ふつうのなべより早くおいしく出来、一つはぜひほしいなべです。

なべの中でカレーやシチューを煮、ふたをうら返してそこへ湯を注ぎ、保温しておきたいなべを又のせるといった使い方もよくやります。

ふたはふたで炒めものやホットケーキを焼いたりするのに使えます。ちょっと浅いけれどすきやきなべとしても使えますし、ぎょうざを焼く時などにも手頃です。

㈧お盆

引出物やお返しなどで、いつのまにかお盆がたまりました。大体同じ大きさの長方形です。同じくらいの大きさのお盆ならふつうは一枚か、せいぜい二枚あればいいですね。でもわが家のは四枚とも、とても役立つのです。

これは食べものやさんからのヒント。というのは、お昼に食べものやさんに入ると、中華ランチ、和風定食といったものがお盆にのってくるでしょう。タイムサービスのものなので、ごはん、お汁、おかず、つけものといったものがパターンです。

ふしぎなことに、あれがパラパラと一品ずつ運ばれるといかにもお粗末なものでも、お盆にきっちりのせて運ばれると、なんとなくごちそうめいて見えるのです。お店のほうではごちそうめいて見せるためにお盆にのせて運ぶのではなくて、そうしたほうがスピーディだからでしょう。

そこでわが家にこれも又すぐとり入れました。毎回の食事にそうしているわけではなく、たまにこのやり方を真似ます。日曜のお昼などに一汁一菜とおつけものくらいしかないという時に一人前ずつお盆に入れて出すと、なんとなくおいしそうに見えてくれるのです。そして食べ終ったらすぐにそのまま各自お盆を持って流しへ。

その他にお盆をよく使うのは調理台の補助として。調理台がせまいと、作った料理のおき場がないということや、又下ごしらえするにも場所がせまいということがありませんか。私はそんな時調理台の引出しを開け、下にある戸棚の戸も少しあけてつっかえにし、引出しの上にお盆をのせるのです。

引出しが2つあれば二ヶ所、こうするとお盆2つ分の場所が得られます。調理中ひんぱんに使う引出しの場合は、前もって必要なものは出しておきます。

調理台のほうは大きなものや重いものに使い、お盆のほうの即席調理台ではフライの衣つけをしたり、盛りつけをしたりします。盛りつけたものはそのままお盆ごと運べばいいのです。

それにしても、人間満足のいく状態におかれないおかげで、実にさまざまに知恵と工夫をし

ぼり出すものと、我ながらつくづく感心するのです。

後片づけ考

■好きではないから、早く片づけよう!

料理を作るのは創造性があり、生産性があります。しかし、後片づけというのは、非生産性そのもので、何はともあれ元通りにするだけ。

後片づけが好きという人も世の中にはいるでしょうが、料理という創り出していくものが好きな人が、何をも産み出さない後片づけも好きというのはないのではないか——とゴタゴタいう私はつまり、後片づけというのがあまり好きでないからなのであります。

〝好きこそものの上手なれ〟という言葉がありますが、私はむしろ好きでないから、なんとか早く片づけよう、なんとからくにしてしまおうと、能率が上がることばかり考え出します。

夕食の後、食休みと称してどでんと落ちついてしまうと駄目ですね。私だけかも知れないけど、立つのが実におっくう。本当は食べ終ったらすぐ立って洗いものをしはじめるというのが私のタイプとしてはもっともいいのですが、食後のひとときは家族との団らんに欠かせないの

で、やはり食休みはちゃんととることにしています。ただし、食べたあとのお皿類はすぐ子どもたちが運ぶように習慣づけてあります。

そして、例によってタイマー。さりげなくセットしておき、みんなの食事が終って10分後にリリリと鳴るように。これが鳴ると私はいつも「さあ！　後片づけの時間よ！」と、夫にも子どもにも大きな声で号令をかけます。

洗剤を使う時は夫か私が洗い、ふくのは子どもたち。しまうのは子どもには背の届かない所もあるので、洗いものをしていない方のどちらかがしまいます。

ほんとは洗いもの、ふくことすべて子どもたちにやらせたいのですが、子どものゴム手袋がないことと、まだ小学校の低学年なので重い鉄なべや、シチューなべをくるくる洗うのは無理なので、何もかもをまかせることは出来ません。

でも洗えるものは洗わせ、手伝えることは手伝わせ、みんなで働くと、とても助かります。

■息子には、何の手伝いもしない夫になってほしくない

というものの、実のところ、一人でさっささっさとやったほうが早く出来るということもあるかも知れません。

しかし、昼間も働いている母が、夜も一人で黙々と台所で立ち働いているということを別に何とも思わないという子育てはしたくないのです。特に息子にとって、それが当り前の女の姿

と取って欲しくありません。彼が大人になって、働きつづける女性を妻に持った時、何の手助けもしない夫には断じてなってほしくないからです。妻もまた自分の母親のように、手助けがいるのだと分る夫になってほしいのです。

楽しくみんなで後片づけをしています、なんてきれいごとはいえません。夢中になって読んでいた本を置き、ああいやだなァと口をとがらせつつ台所に入ってくる時も、子どもたちにはあります。テレビの野球にくぎづけで、夫がとんと台所に来てくれず、〈私だって見たいテレビがある、読みたい本がある〉と、心の中で口とがらせてガチャガチャお皿を洗う日もあります。

そんな日もあり、時もあり、台所の中でいさかうことがあったとしても、誰一人「台所仕事はママがするものだ」と思ってもいない幸せ。

「ああやっと終ったァ」と息子。

「終ったよねっ」と娘。

「うん終ったよ、ごくろうさま」

「ひゃおっ」とクモの子を散らすがごとく喜んで、又思い思いのくつろぎの場へ戻っていく子どもたち。解放感あふれるその姿は、可哀想どころか（今、幸せだろうなあ）と、いつもほほえまずにおれません。

清潔にらくする

■自分に課しているルール

食器というものをまったくふかずに、すべて自然乾燥という友人がいて、それもまたひとつの手だとも思いますが、いつまでも台所がすっきりしないという欠点があります。ふきんというものは、思っている以上に不潔なものであり、衛生的見地からいえば、一夜のホコリ程度の自然乾燥の方がむしろ清潔。

しかし、これは、次に洗いものをするまでに必ず食器だなにしまわないと、せっかくかわいたものの上に、洗ったものをつい重ねて又ビショビショにしてしまうということになります。うちでは子どもたちが食器ふきの役目ですが、それは夕食の時だけにしてやっているので、朝は私がやります。気が急いでいてざるにあげたまま自然乾燥、時間まかせにすることにして仕事にかかることも朝は多いです。

でも私はこんなルールを課してます。

「洗いカゴを空っぽにしない限り、ぜったいに次の洗いものをしてはいけない」

これはフォーク一本、菜ばし一本でもカゴに残っていてはいけないと。必ず空にしてからなら次を洗ってもよろしいと。ここが大事なのです。お湯のみ一個位ならぬらさないようにすればと、つい洗ってカゴに入れがちなのですが、それをやっちゃうと、ガン！　とわが耳にルールをたたみこむことが出来ません。

一つでも残っていればとにかくしまってから次のことをするなどという、一見大したことのないようなことでも、台所仕事というのは小さいことのつみ重ね。一つためこむと又一つと、段々増えてきて、一度にする仕事がいつのまにか大きくなって面倒になってしまうのです。

■コップはいつも光っていたい

ガラスのコップは、洗剤でよく洗っていても、なんだかくもってくるものです。これは他の食器と違って、ぬれているうちにふくと、段々にくもりがちになって、薄汚れた感じになってきます。

コップは使う度に必ず洗剤を使います。コップは自然乾燥がもっとも良く、調理台でも棚でも空いた場所に清潔なふきんをしき、ていねいに洗いあげたコップを振って水切りし、ふせておきます。

唇というのはかなり汚れを付着させるらしく、コップのふちは水だけでは汚れは完全にとれないのです。まして油ものを食べた時に使ったコップは唇のついたところは油の跡がつきます。

コップは水ものしかのまないからと、雑にざっと洗うなんてとんでもないこと。やわらかいスポンジでいつもていねいに洗うことです。

洗う時もゆすぐ時もお湯を使いますが、最後に私は水でよくすすいでから水切りし、ふせます。なぜか湯より水のほうがさっぱりとかわくような気がするものですから。

けれども、いつもいつも自然乾燥ではくもってきます。理想は、かわいたらこんどは麻か麻と綿混紡のふきんできゅっきゅっとふいておくとなおいいのです。毎日は面倒でも、数回に一度は必ず磨くこと。

■油ものは重ねない

食事の後、子どもたちに食器を運ばせる時、うちでは油ものは決して重ねさせません。おとなでも、油もの同士だからいいだろうと、油もののお皿を重ねる人がいます。

油ものの食器類は、面倒でも重ねないで運ぶことです。重ねるとお皿のうらも油汚れしてしまい、手がかかります。

まず食卓から流しに運ぶものは油けのない器から。それが洗い終ったら油ものにとりかかるようにします。

一度に片づいた方が良かろうと、食後の食器すべてを流しに運ぶと、どれにも油がつき、それだけ洗う手間がかかります。

流しの中ででも油汚れの器や皿同士重ねないようにして洗います。油ものはむろん洗剤で洗うのですが、その前にゴムベラで一皿ずつお皿に残っている食べカスやソース類をこすり落しておくと、とても洗いものがらくです。これは子どもでも面白がってやります。

ソースや食べカスの残ったまま流しで洗うと、洗う手間がかかるだけでなく、流しもそれだけ汚れます。ゴムベラを使うやり方は、うちの子どもたちの学校では、週に一度は子どもたちが食器洗いをするので、その時のやり方です。これは良い方法とばかりにさっそくわが家でも真似ているのです。

■洗いオケは必要か?

わが家の台所から洗いオケが消えてもう何年になるかしら。

ある時、洗いものを手伝っていた夫が「この洗いオケをどけて」というのです。また「なんでこんなもの置くの? 邪魔なばっかりなのに」

洗いオケは食器を洗うためにあるのに、なんでこんなものを置くとは何ごとかと、彼のいうことがけげんでなりませんでした。とにかく、手伝ってくれる度、こんなものいらないこんなものいらないと、いうのです。

なるほど、彼が洗ってくれる時の流しは、運んだ食器だけ。洗いオケはいつも外へ出してしまいます。

私自身は洗いオケを使っていましたし、こびりついたものを、ほとびさせたりするために洗いオケにつけていたので、洗いオケがいらないなんて思いもかけませんでした。

ところがそのうち洗いオケを買いかえる時期になりました。そこで古いものを捨てたのですが、ためしに買わずにおこうと、新しく買わないことにしたのです。

ほんとに夫のいうとおり、なんであんなもの必要だったかと思うほど、ないからといって困ることはまったくありません。

もし少しの間水につけておきたいものは大中小とそろえているボールの大を利用すればいいのです。葉っぱを洗ったりするのもみんなこのボール。その他のものは何もなしで十分。

つけておく洗いオケがないので、つけておいて後でゆっくりしようといった怠け心も起きないし、とにかく洗いオケは追放してほんとに良かったと思います。

洗いオケ自体も汚れやすいものですし、手入れも必要でした。それがなくなったのですから、一つすることが減ってらくになり、小さいながら空間も生れましたし、追放したことはいいことばかりです。

■わが家の大バケツは大活躍

うちにはポリの大バケツがあります。これはよく活躍します。ふだんはシーツの漂白や食器類の漂白に使っているのですが、目的としては違う用途に使うために買ってあるのです。お客を招いた後や、うちでやる料理の撮影後に大活躍するのです。

家族だけの時は洗いオケもいらないし、すぐに洗ってふいてと出来る量ですが、お客さまの日はそうもいきません。料理の撮影後もそうなのです。汚れものの食器が山のごとく出来ます。以前の家の台所はせまかったので、たくさんの人を招いたあとはそれこそ台所の床にまで使ったお皿を置くほどでした。

みんな気を使って手伝って帰るというのですが、たくさんの人が入れるほどの台所ではないし、二、三人が洗っていると他の人も気をつかうので、私はみんなの帰ったあとで、ゆっくりやるほうがいいのです。

そこで、みんなの目にあまりふれないで、帰るまでおいておける場所を思いつきました。「バケツ！」汚れもの一時待機場所として……。

食器を入れておくのだから重くないものというとポリバケツです。人目にふれてもいいもの、台所にあってもきれいなもの、といった条件でバケツ捜しをしましたが、なかなかいいものはありません。

真っ白のポリバケツがいいなと思いました。それも取っ手は鉄で、手で持つところだけは木の、そんなポリバケツがほしいと思いました。出来れば四角いほうがバケツらしくなくていいけど、持ちにくいかなとか。

しかし、結局は白が見つからず、黄色にしました。かなり大きめですが、もう少し浅い方がもっと良かったのにと思ってます。

このアイデアは成功でした。使った食器を食卓から運ぶ時、親しい人たちの集まりの時だったら、やおらバケツを持ち出して、「さあ、ここへどんどんお入れ下さい」というのです。むろんゴムベラで汚ないものは落してから。

親しい人たちなので失礼どころか、このバケツを持ち出すと笑いをさそい、いそいそとバケツに入れ、台所へ運んでくれます。そこで洗剤を入れ、熱めの湯を注いでおきます。

せまい台所でもよく片づき、こうすると汚れもので場所をとるということもなくなりました。バケツは洗いおけなどよりはるかによく入ります。

現在もわが家では客人の日はこのバケツが大活躍しております。ふだんの日は漂白などに使いますし、夜はおふろ場において、非常時のために水を満たんにしておくという具合です。

■ふきんは毎日洗いたてを

毎日使うふきん類にわりと無神経な人が多いようです。ある家の台所にかかっているふきんを見て、私はそこでお茶を頂くのすら苦痛になったことがあります。

またある家では、後片づけを手伝う時に出されたふきんが、新しい、まだ一度も洗濯されていないものだったことがあり、おどろきました。漂白剤と、化学のりがゴワゴワついていて、店頭で売られていたそのままを使えるのは、新しいからきっと清潔という錯覚からでしょう。

私は一度使ったふきんはたいてい洗たくかごにほうりこみます。だからうちの台所にはふきんかけなるものがいらないのです。

沢山の食器をふいて、じとっとしたものをふきんかけにかけ、かわいたらまた使う……というのは生理的にいやなのです。やたらに神経質なほうではないのですが、ふきんが清潔であることは私にとっては、働いているからこそ、忙しいからこそぜったいに手を抜きたくないことのひとつなのです。

台ふきんが薄ねずみ色になったのを平気で使っているのもよく見かけます。台ふきんは汚れをふき取るものだから汚ない色になるのはあたり前、色だけよ、きれいなのよ、洗ってあるん

だものといわれても、他人にはそうは見えません。

わが家は、台ふきんもぞうきんも真っ白です。まめに洗い、からりと干したものをぬらしてしぼりあげたものをいつも使っていたら薄ねずみにはなりません。

台ふきんは最低でも毎日とりかえたいもの。汚れたからと洗い、しぼり、使うというくり返しをしていたら、汚れが取れてもなにやら妙なにおいがつくということになってきます。

私のふきん洗濯法は――

(1)食器ふきも台ふきんも一緒に洗たく機に入れ、洗剤で洗い、いったん脱水する。
(2)その間に洗濯槽に水を入れ、再びふきんを入れてよくすすぐ。
(3)水が澄んだら脱水し、食器ふきのみ熱湯消毒する。
(4)太陽で干すか、室内干しの場合はアイロンかけをする。

■食器用には綿麻混紡、台ふきん用にはレイヨン100%

からりとかわいたふきんは所定の場所にぴっちり納めます。使う時は存分に使うため、食器ふきは十枚以上、台ふきんは四、五枚をいつでも清潔な状態に置いてあります。

食器ふきのふきんはなかなかいいものに当らなかったのですが、最近やっと気に入ったものがあります。材質はさらしを少し荒くした感じで、さらしよりしっかりした地です。色は白の無地。綿と麻が半々の混紡です。

台ふきんは二年ほど前から出ているレイヨン（またはポリノジック）のガーゼを何枚も重ねたようなものが断然すぐれています。これを使うと他を使う気がしません。しょうゆじみでも洗えば真っ白になるし、水気はよくとれるしで、とても気に入ってます。

多くのメーカーから同じようなタイプのものが出ています。ちょっと厚いか薄いかの違い程度で、そう大差なさそう。食器ふき用にこれのうんと薄手の大きなものが出てほしいです。

きれいに洗いあげたふきんがいつもたっぷりあるということは衛生上いいことはいうまでもありませんが、精神衛生上もまた快適な点が何よりなのです。

ゴミの合理的な処理法

■ぬれゴミはグーンと少なくできる

ゴミというものはどうしてこう家の中でどんどんたまっていくのでしょう。こんな風にお金がたまるといいのに、とばかげた思いでゴミをながめております。

台所のゴミは犬を飼いはじめてからわが家ではぐんと減りました。まさか犬にゴミばかり食べさせているわけではなく、ちゃんと犬のための食事をこしらえているのですが、魚の骨や頭

の焼いたもの、かつおや煮干しのだしがら、その他の残りものなど、えさにまぜこんで食べてもらえますから。こんどは豚を飼いたいわと冗談をいっておりますが、少しでもゴミになる前に処理できるのは助かります。

とはいっても、まさか、だから働く女性は犬をお飼いなさいとはいえませんけれど……。

ゴミというのは大きく分けて、台所のゴミ、いわゆるくずかごのゴミ、もえないゴミ、三種類ありますね。

このうち台所のゴミと紙類は燃えますから一緒に考えてもいいかも知れません。ここにもう一つ、ゴミはゴミでもちり紙交換に出せるものもあります。

このうちもっともやっかいなものは台所のゴミです。別名ぬれゴミともいってじとじとしています。これは出来るだけじとじとにしないやり方にしたほうがいいのです。

台所のゴミ入れでもっとも多いタイプは流しのすみに置く**A**三角のゴミ入れ、次に流しにうめこまれている**B**ゴミ受けタイプ、それから粉々に砕してしまう**C**ディスポーザーでしょうか。うちのは**B**タイプです。以前の家ではうめこみ式でなかったので三角のを使っていました。現在はうめこみ式ですから流しの中には何もおかなくて良いし、何でも流しに捨てれば下のゴミ受けがガボッと吸いこんでくれるため、使いよくて喜んでいました。

ところがふと気づいたのです。はじめに捨てたゴミは、ここから再び捨て去るまで一体何度水あびをさせられることだろうと。捨てに行く時は出来るだけ水をしぼり切って捨てはするけ

れど、どんなゴミも、ここへ捨てたが最後、すべてぬれてしまうと。

まことに当り前のことで、そんなことははじめから分かっていそうなものなのに、すべての台所ゴミが水を含んでしまうというのはどうにも汚ならしい、これは便利だとばかりにここへばかり捨てるのは問題だと思いはじめたのです。

そんな矢先、新聞の家庭欄で、やはり同じことをいっている人がいて、その人は、調理台に紙を重ね、そこで皮をむいたりしてそれらは紙ゴミと一緒に捨てることをすすめていました。例えば、にんじんや大根の皮といった野菜の廃棄物はすべて広告の紙を何枚か重ねてその上に捨てるようにということです。

私はボールに薄いビニール袋を入れて、皮むき、へたおとしなどして、水気の少ないゴミをそこへ捨てるようにしました。紙を重ねてすることもあります。

茶がら、紅茶のパックなどのぬれゴミも手できつくしぼりきって紙に。手で捨て切れないものだけを流しのゴミ受けに捨てるようにしてからというもの、ほんとにぬれゴミが少なくなりました。台所のぬれゴミが少ないということはかなり気持よく過せます。

みんながこうするようになれば、ゴミ回収の日もあんなにじとじとポタポタと、くさい汁が出なくなるでしょう。

■スーパの買物はゴミの山を作る

製紙会社のDさんに聞いたことですが、私たちがポイポイ捨てるほんとの紙ゴミ（新聞紙や雑誌類と違う）、ちょっと口をふいたティッシュペーパー、くちゃくちゃにしてしまった包装紙、牛乳のパック、いやはなをかんだちり紙すらも、立派な再生紙として生れ変るそうです。

とくに牛乳パックに使われている厚手のあの紙は上質の再生紙になるとのこと。ちり紙交換に出す新聞や雑誌だけが再生可能ではなくて、あらゆる紙のゴミがほとんどすべて生かすことが出来るときいて、まったくもったいない話だと思います。

牛乳パックなど、中をさっと洗ってかわかし（一晩そのまま自然にほっとく）、ぺちゃんこにつぶし、まとめておけばわが家でも一ヶ月に最低30個はたまります。それをちり紙交換の人に出して、果して受けとってくれるのかと心配ですが、そういう情報を、業者の人たちもぜひ知っていてもらいたいものです。近頃はうちのほうでは空ビンなどはただでももらってくれません。

とにかくDさんの話を聞いてからというもの、まさかハナをかんだり口をふいたりした紙はとっておいたりしませんが、今までだったら書き損じの手紙や原稿はくちゃくちゃと丸めてポイと捨てていたのをそうしなくなりました。

きれいにのばして取っておける紙は取っておき、くずかごへはなるべく捨てないようにし、

一定量集まったらひもできつくしばっておきます。

その際、Dさんのアドバイスでは、出来れば新聞だけのものと、その他の紙類とを分けておいた方がよい値にひきとってくれるということです。ちり紙交換用のそういったホゴ紙をためておく場所があって、一定量ためこむことが出来るのなら、なんでもかんでもゴミとして気軽にポイポイくずかごに捨てるより、かえって片づきます。

ゴミを出来るだけ持ちこまないように簡易包装がいわれるようになって久しいというのに、デパートなどは又々過剰包装のきざしありです。テープだけでけっこうと断わっても、たかだか30円の買物にまでつつんでくれるのは、どうやらスリを見わけるための対策と思われます。スーパーマーケットの買物はたしかに便利だけれど、何もかもパックされているので家につくとゴミの山。

それでも出来るだけ家の中へゴミを持ちこまぬ手だてをしていきたく、そんなものの処理のために時間や場所をとられたくありませんね。そのためには拒否出来る包装は拒否し、又、時間があれば近くの八百屋や肉屋で（比較的パックが少ない）買うことにし、いずれの時も大きな買物袋と共に。

話は変りますが、私は新聞紙を使ってゴミ袋を作ります。三枚重ねて作るので丈夫です。ホッチキスでとめるだけの簡単なものですが、見た人はたいてい良い思いつきとほめてくれるので、あまり他の人はやっていないことなのでしょうか。

第四章
愉しく食卓をかこむ

Kさんの「食」に対する姿勢

■共働きに賛成していない夫だからこそ

知人のKさんは実に食器選びのセンスが良く、非常に忙しい人なのによくこれだけいいものをマメに集めたものと感心していました。

Kさん宅で休日のお昼に招かれて食事を頂いたのですが、何でもない食事だったのに、とても印象に残るものでした。

カレーライスとサラダといった簡単な昼食でしたが、カレーライスの器は白地に藍色の絵もよう、和風とも洋風ともつかぬ、モダンでありながら和食器的な固い磁器の焼きものの器。サラダは完全な和食器で赤絵の器でした。その二つともが不思議な調和を見せていて、味も

一段とおいしく感じたものです。デザートの皿、ティカップ、湯のみと、どれをとっても、ほめずにおれないのです。

どうしてこう見事な食器ばかりなのか聞いたところ、

「私は料理と同じくらいに食器も大事に考えたい。ふつうの奥さんのように家にいていろいろ出来ることが私には出来ないから、その分せめて美しい食器で補いたいの。美しい食器にすると、こんどはいいかげんな料理が入れられなくなるの。高価な料理というのではないのよ。たとえ大根の煮物一つ盛るにしても、その大根が見るからおいしそうに煮えていないと、この器に似合わないの。だからズサンな料理が出来なくなったのよ」

でもこれだけの器を集めるにはお金もかかると思ってきいてみると、

「それはそのとおり。でも私たち夫婦で食器にはお金をかけても良いと決めたの。他の人が洋服を買ったり、外で食事をしたりするのを、うちではそれが食器というわけ。どれも一度に集めたのではなくて、少しずつコツコツと集めたのよ。とにかく私はどんなに忙しくても、食卓の上が美しくありたいの。というのも、夫が器にとても関心のある人だから」

聞いていて、これはKさんという働く女性の知恵だと思いました。Kさんの夫は、Kさんが働いていることをもろてをあげて賛成していません。けれども彼女の家庭はいついっても良い雰囲気です。そのために、Kさんは、これだけはというものをしっかりつかんで努力していたのです。

食器だけはぜいたくするの。他は質素そのものよと笑うKさん。

■無理のない共働きなんてない

女性が働く場合、これだけはという、しかとしたものを持つことは非常に重要だとつくづく思います。それが〝食〟でありたいと思うなら、〝食〟が大事とただばく然といい放つのでなくて、食の中のこの部分だけはぜったいこうありたいといった具体的なものを持つことが大事だと、Kさんを見ていてつくづく思います。

妻が洋風の料理が好きで、大なべいっぱいにシチューを煮て、なくなるまでそれを毎日パンと共に食べて平気、夫はお芋の煮っころがしやおみそ汁が好きという夫婦がありました。彼女は私は働いているのだから、お芋の煮っころがしなんて作っておられないといい、事実非常に多忙な人でしたが、結局離婚という形になって表われたのです。

夫と妻と二人だけの時はまだしも、子どもが出来ると、多忙さは輪をかけ、どこかに無理が出てきます。無理をしてはいけないということをよくいわれますが、無理をしないと家庭は続けられません。

先程の、シチューの妻と、煮っころがしの夫との離婚は決して極端な例ではないのです。Kさんなら、きっと無理してでも煮っころがしを作るでしょう。

家庭を持ち、子どもを持ち、無理をしないで女性が仕事に全力投球出来るといった恵まれた

人はごくごくわずか。誰しもが七転八倒し、何という日の短かさと嘆き、今日もまた、何かしのこしたような思いで眠りにつくのではあるますまいか……。

Kさんが、「夫は食器の好きな人だから」といい切り、器にも料理にも気くばりを見せるのは、彼女が結婚生活も仕事も続けていくというための、ひとつの知恵だと思うのです。知恵をおきかえていうなら、〝思いやり〟でしょうか。

食器の役割

■器に対する心がまえで食卓はグンと違う

女性で、食器に関心のない人ってあまりいないでしょうね。私は結婚するまではさほど食器に関心がなかったのに、結婚したとたん無類の食器好きになったのは、きっと料理の作り手側になったせい。

料理をおいしく見せるのに食器は重要な役目をします。それゆえ、働く女性の、忙しさゆえ時には殺伐とした雰囲気になりそうな食卓を救ってもくれます。

雑誌や本で見る料理の写真が実においしそうなのは、カメラやライトのおかげも多いけれど、

器が非常に吟味されているためでもあるのです。

料理そのものがいくら立派でおいしくてというものでも、器によってがらりと違って見えます。器選びも食事づくりの重要な部分としてとらえていきたいと思うのです。なにも凝る必要はありませんが、料理さえおいしければいいんだとばかりに雑な気持で器を使いたくないのです。

料理ばかりでなく、器にも心くばりを持って食事づくりをするという気がまえさえあれば、そうでない食卓とはうんと違いが出るでしょう。それは、上等のものを買おう、いいものを選ぼうという単純なことでなく、その時の料理に合わせた食器を選び、雰囲気を作り出すということでしょうか。

たとえば、あるアメリカ人の家庭へ昼食に招かれた時の食器はすべてプラスチックでした。大きなコップは私たちがふつう密閉容器として使っているもので、それになみなみとビールが注がれるのです。

ハンバーガーと、サラダと、アップルパイといった簡素な昼食に大ぶりなコップはよく似合い、食卓そのものも決して見すぼらしくなくて、非常にアメリカ的ではあるけれど気持の良い昼食のひとときでした。

いつもいつも凝った食事ではうんざりするように、食器もあっさりした軽い食事にふさわしいもの、いかにもごちそうっぽく見せたい時のものなど、リズムがあったほうが楽しいと思います。

■お客さま用の食器はいらない

少ない食器を多様に使いこなし、変化に富んだ食卓を作るのが理想的ですが、なかなかそうはいきません。

広い台所に大きい食器だながあるというのなら食器はいくつあっても楽しいものです。しかし、せまい台所に小さい食器だなというのであれば、考えなしに食器を持ちこんでは収拾がつかなくなります。

そこで私の食器選びのポイントをいくつかあげますと——

(1)原則として重ねられるもの。
(2)洗いやすいもの。
(3)気に入ったものを見つけた時、器の中に手を広げたり丸めたりして、料理を盛りつけた時のかくれる状態を想定すること。お皿や器だけ見るのと、料理によってかくれた状態とはかなり印象が違うため。
(4)和、洋、中華に共通して使える食器と、和なら和の特色の出た食器をいくつか買うようにし、献立によって組み合わせる。

目下、私が大いに気に入っている、買ってほんとに良かったと思っている重宝この上ない食器は、形はなんでもない丸味を持った深めのおわん型。肉厚で、薄茶の線が入った乳白色なので、和風洋風を問いません。ごはんもの、みそ汁、煮物、茶わん蒸し、チャウダー、サラダ、エトセトラエトセトラ。オーヴンに入れてもOK。オニオングラタンなどグラタン類も。

この器は非常に吟味して買ったものです。こういう器がほしいというのが先にあって探したものなのです。たったひとつ目をつぶったのは、深く重なってくれない点。

思い切って十個買ったので少し場所を取りますが、人を大勢招いた時にも実に役に立ちます。

わが家では、客用とうち用というのは一切区別していません。区別しているものは、お正月

に使う重箱と、取り皿と、おわんだけ。

近頃はお正月らしいというらしさが段々失われつつあるので、せめて重箱くらいは一年に一度対面して「ああお正月だ」と思いたいものですから。なれなれしくしたくない食器を持つのもいいもんです。

暮れも押しせまった一日に、高い戸だなから重箱を出し、ていねいに洗い直す時、仕事からまったく解放された一人の家庭人としての私が始まるのです……。

ダイニングセットと照明

■仕事から解放される椅子がほしい

まず、欲を申せば、ということでこの項をお読み頂きたい。

現在たいていの家がテーブルといすで食事をしていると思うのです。食事の場というのは、食の中でもかなり重要に考えたいのですが、わりと無とん着にしている面がありそうです。

ただ、これにはさまざまの住宅事情や、経済状態のことがありますから、いちがいに、こうするともっとも良いとはいえないのです。そんなこと百も承知だけれど、なかなか出来ないと

いうところに悩みがあるんですものね。

食事をとる場所と、くつろぐ場所とが別にある場合はいいのですが、そうでない場合、たとえばテーブルと椅子の食卓でそれがそのままくつろぎの場になってしまう場合と、たたみの部屋におきごたつなどおいて、食事もくつろぎもそこでという場合とがあります。

これは住いの関係でいたしかたなくそうしなければならないということでしょう。前者の、食卓のテーブル、椅子がそのままくつろぎの場になるという場合は、出来ればいすもテーブルも低めがいいでしょう。あくまで低めであって、あまり低いと食事の時背中を丸めなくてはなりません。

良い椅子はいくら座っていても疲れないものです。なかなかそういう椅子にめぐり合わないのが残念なのですが、あまり重いのや場所をとるのも困りますし、軽すぎて、すぐにひっくりかえるようなのも困ります。

自分のほんとうにお気に入りの椅子、というのが持てるといいですね。そこに坐るとほっとして、「あーわが家に帰ったァ」と、疲れがほぐれていくような椅子に、ほんとにめぐりあいたいものとつくづく思います。

とくにオフィスづとめの女性は、会社とは違うゆったりした坐り心地の椅子でありたいものです。

テーブルは、色が濃いと汚れが目立たないような感じを受けますがさにあらず。濃い色のテ

ーブル、椅子は非常に汚れが目立ちます。きれいにふいてあっても、室内のこまかいほこりがすぐついて、ほこりは白いものなのか濃い色のテーブルだと目立つんですよ。

■大人だけの時間は部分照明を

照明も食事の場において大事に考えたいもののひとつです。照明のことは、インテリアなどのどの本を見ても、螢光灯より白色電球をといわれています。しかし近頃は省エネとかで電力節約ということもあって、そう白色白色とさわげなくなりましたが、白色はやはりいいものです。光がやわらかいということは心がなごみます。それに何よりも料理がおいしそうに見えます。

わが家は移動式ペンダントをつるしているのでわりと広範囲に動かせて便利です。食事の時は食卓の上中央に動かします。部分照明というほどではないけれど、必要部所を明るく照らすやり方です。このほうが部屋全体が明るいよりも、部屋に陰影があり、落ちつきが出てきます。

照明というのは、部屋の雰囲気をがらりと変えるほどの効果を持っています。たとえ螢光灯にしても、出来ればその部屋に合うものを選ぶとか、別にスタンドか移動性のペンダントをつるとかし、おとなだけの時間には部分照明を楽しむというふうにして、くつろぎのひとときを大切にしていきたいものです。

食事の前にちょっと鏡を

■外ではイキイキ、家ではクタクタ？

日本の妻というのは、私を含めて夫に安心しきっているふうがあり、髪はざんばら、顔はくたくたという姿を平気で見せるようです。

私が結婚したての頃、まだ仕事持ちではなかったので、朝夕欠かさず犬の散歩をしていた時のことです。毎日、必ず出合う会社づとめの美しい中年女性がいました。しょっちゅう会うのでなんとなくお互いにえしゃく程度交すようになり、近い将来仕事を持つ予定であった私は、(働いている女性はなんと生き生きとステキだろう、私もいつもあんなふうにさっそうとしていよう)

と、学生からすぐ妻という名のものになったため、かわいくもしっかとその思いを胸に持ったものです。

そのうち、まったく偶然のことに、彼女がうちのすぐそばに移り住んできたのです。ところがびっくりしたことに、帰宅以後、家の近くで会うと彼女の頭はいつもバクダンみたいで、ま

ったくお化粧っ気がなく、ちょっと見ただけでは同一人物と分らないほどでした。バクダンみたいというのは、翌日にそなえてのアミカーラーを巻いたぼこぼこの髪なのです。顔は、肌をいたわるために帰るやいなやすぐ洗顔ということでしょうか。

かかとのないつっかけサンダルをはいた休日（やはりバクダン！）の彼女を見て非常に幻滅を覚え、（年取ったら——その頃の私から見れば40代位の彼女は年を取っているという感覚——決してあんなふうにだけはなるまい）と改めてちかい直したものです。朝は朝でゴミを捨てに行く時に会うのですが、いつもバクダンのほどきたてで、やはり別人の顔と姿でした。（彼女が美人だってこと、だんなさん知ってるかなァ）などと、ばかげたことを思ったりしたほど私にはびっくり仰天の〝女の姿〟だったのです。

しかし、私も彼女の年近くなって、はたと思うのです。朝の食卓で、さまざまの気配りはするものの、自分のこととなると、カーラーこそ巻いたことないけれど、小バクダンのほどきたて位のことがいっぱいあり、顔は顔でやっぱりひどい。夕方は夕方で、とにかく急ぐことばかり先に立ち、髪をとくどころのさわぎではないのです。

若かりしあの頃は、夫が帰り近くになると髪をととのえ、口紅のひとつもぬり（もっとも、私の化粧はその頃から今に至るまでそれのみ）、鏡の前で自分の姿を一応点検したものです。

■口紅一本でもきりりと気分がひきしまる

年齢とはこういうものなのかと、一まつの淋しさも覚えるけれど、はたとわれに帰って、たまに夕方の目の回る忙しさの中でもちょっと鏡をのぞき、自分をととのえた時の食卓はとても快いのです。多分、本人である私がもっとも気持良いのでしょうけど、ほんの少しのことで、きりりと気分が引きしまる思いがするものです。

しかしこのことはつねに心がけていないと、ついついバクダン風の頭、つかれた顔ということになり、目先のことに追われてしまいます。

いくらおいしいものを作っても、夫も妻もあまりにカサカサした風態をしていると味気ない。毎日そこまではしておれないという心の余裕のなさも又、事実なのですが……。では休日にはと、急に飾りたてるのもわざとらしいけれど、土曜の夜はごちそう日と決めたら、この日はわが身も少しおしゃれして食卓につく、というのを習慣にしてはどうでしょうか。

鏡はぜひとも全身鏡が必要です。顔や髪形のおしゃれで安心していると首から下のことを忘れがちになります。

「食」の部分に手をかけ、大切にしているからと、なりふりかまわぬぬかみそ臭さはいやです。働いているからにはさっそうと生きていきたい。それは、生き方もさることながら、姿形《すがたかたち》にも表われていたいと私は思うのですけれど、あなたはいかがですか。

会話は一番の御馳走。でも……

■砂を噛む思いで食事をした経験ありませんか?

私は正直いって、この項目はもっとも書きにくかったのです。長いこと考え、やっとペンを持っても長いこととまた考えてしまう……といった具合でした。

なぜなら、食事前に明るい会話をすることが何より大事であるなどといった分りきったことを書くことのむずかしさ。それに、分りきったことイコールやさしいことであるとはいえないからです。

お互いが仕事を持つ友人夫婦二組を食事に招いた時、U子の夫が面白いことをいいました。

「われわれはどうも月曜と木曜にぶつかりやすい。この日の精神状態がなぜかよくない」と。

これに対し、N夫妻も大きくうなづき、「確かにそういうことはある」といいます。月曜という休日の翌日と、週の中ばをすぎた木曜日は、いずれも疲れをとくに感じる頃なのではないか。つまり、疲れていると、ぶつかりやすくなるということ。

それは、食事時であろうとなかろうと、お互いが疲れていると、ささいなことでもわっとぶ

つかってしまうのではなかろうか。

私は食事は楽しくとるべきであるというのを生活信条にしています。しかし、これはいうはやすく行うは難し。

いや、実は食事の場そのものではそうぶつかり合うことはないかも知れません。

しかし、食事までのほんの数分間にせよ、食事前に心ならずもぶつかってしまうということがあると、それは必ず食事中にまで尾を引いてしまいます。楽しい会話どころか、砂をかむ思いで食事をすませたというご経験はありませんか。なければ実に幸いです。

食事時、明るい会話でつつむためには、それまでの時間はすべて食事のための前奏でなくてはならないのです。

■お互いが非常に疲れていることがある

仕事を持つ夫婦の場合、さけられない悪い状態のひとつは、お互いが非常に疲れている時がある、ということ。そんな時は相手も疲れているだろうという思いやりは、ともすれば持ち得ません。自分だけがひどく疲れていて、そこへ相手が切りこんできた、という風に受けとりがちなのです。いずれにせよ、いさかいを持ちこしての食事は、楽しいどころか苦痛です。

食事が楽しくあるべきためにはその前からこころするといったことが大切なのです。

U子さんは「たしかに月曜と木曜は危険率が高いけれど、それは私がそれらの日がとくに疲

労しているふうに見えるって彼はいうの。家にいる人なら、月曜も木曜もなくいつも暖かく夫を迎えるであろうとの思いが彼にはどうもあるような気がする」といい、さらに言葉をついで――

「むしろ私には彼がうまくやっていこうという努力がないように思うの。お互いが仕事をもつ以上はうまくやっていこうという気持を持ってほしいとつくづく思う。思ったことをモロに口に出されることで確かに疲れも手伝ってカッとなることもあるから」

〝うまくやっていく〟という言葉はなにか純粋でないような言葉ですが、仕事を持つ夫婦の場合、これは確かにかなり大事なことです。

つい数日前、友人の一人からもこんな話を聞いたばかりでした。

今日は帰りの電車がスムーズに来て、家に早く帰れたので、夕食にも少し手をかけられると張りきって食事の支度にとりかかろうとした時、夫も珍らしく早く帰宅。

彼女が明るい気持で職場のニュース、それは彼女がこれから関わろうとしている仕事のひとつを夫に話しながら台所仕事をやりはじめたところ、まったく思いもかけない反応が夫からかえってきた。

「いつも職場でそうなのかい。そういうのお節介っていうんだよ、まったくなんて君はお節介な人間なんだ」

彼女は息をのむほどおどろき、夫のその一言は胸につきささった。食事は、まさしく砂であ

ったと。

■相手を傷つける言葉を吐かぬこと

友人は、

「うまくやっていくということは実にむずかしい。夫に協力してもらうためにはいろんな話をしなければと思うから話す。するとそのために傷つくことがある。話さなければ良かったとその時は本心から思うけど、ではそのほうがいいかというとそうもいいきれない。お互いが、出来得る限り相手の心を傷つけないこと、傷つく言葉を吐かないこと、これはもう働く夫婦の信条と思う」

お節介という言葉を二度くり返していわれたことで、友人は気持の上でなかなか立ち直れなかったと。

偶然に、二人の女性から〝うまくやっていく〟という言葉を時を待たず聞きましたが、はたからみれば些細な言葉のやりとりでも、本人たちにとっては傷のつけ合いっこになることもあり、

「うまくやっていこうというのは、自分の気持を殺さなければならないことも多い。でもこれは女だけではだめなのよ、男の側もそうでなくては……」

U子さんはここをせんどとばかり夫である人にいっておりましたが……。

食卓についた瞬間から食事がはじまると思うべからずです。夕方、夫と顔を合わせたその時からもう食事ははじまっていると考えなければ。お互いが不愉快な気持を持って食卓テーブルにつき、せーので急に明るい話題で楽しい食事なんてことはまず無理です。

そのためには、食事の時間まで何はともあれ無難な話にとどめておいた方がよさそう。たとえ軽い話でも、先程話した友人のような反応を夫（妻）が示すこともあり、夫（妻）自身の虫の居所のせいで、思わぬ不愉快な方向に進むこともあります。

とにもかくにも食事は明日へのエネルギー源ですから、出来るだけ楽しい話題提供の場でありたいもの。

U子夫妻のように、曜日によって疲労度が分り、危険をはらむというのであれば、その日は美しい音楽でもバックミュージックに流し、

「そろそろ疲れの出る頃なり、お互いあたらずさわらずうまくやりましょう」と、ユーモラスにけんせいし合うのもひとつの手かも知れません。

第五章
休日をどう過ごすか？

朝食は家族そろってゆったりと

■休日らしいメニューを工夫

休日だからといって朝寝をすすめたくないのは、ふだんはセカセカとしかとれない朝食を、せめて休日の朝はゆったりと家族そろってとりたいからなのです。

例の朝昼兼用食のブランチなるもの、ふつうの朝食に比べて少し手がこみ、少し皿数も多いのは確かに休日の朝らしくて楽しいけれど、一体誰が作るのか？　ということ。

もし作り手が貴女一人だったら、休日だからいくら時間に制限なしとはいえ、ちょっとしんどい。子どもがいない頃ならともかく、子どもが出来ると、休日のブランチなどといったすてきなひびきを持つものとは縁遠くなります。

私は年子という、はなはだ忙しい子持ちになり、始めの頃の忙しさは今思い出してもほんとによくやってこれたと思う毎日でした。

しかし、ふしぎなことに、きりきりとした多忙の中だからこそ、何とかゆったりとしたひとときを持ちたい、生活を楽しむ知恵をしぼりたいと、努力するものです。

あしたもあさってもゆうゆうとした時間を過す日々が待っていたら、そんな努力をしようとは思わないかも知れません。「おやまた日曜日ね」という程度の感覚でしか休日を迎えないかも知れません。

しかし、日曜日はゆったりとするといった抽象的な言葉でのみ心や体をほぐすと、ただだらりとした休日で終ってしまいます。だから私は休日は休日らしい過し方、休日らしい朝を過すようにしています。

まず朝食はいつもと違うものにします。日曜の朝はふだんと違うという楽しみを持つようにしているのです。

わが家ではふだんの日の朝食は毎朝パンやオートミールなどの洋風です。もし夫や子どもたちが朝の和食もたまにいいと思うのだったら、日曜の朝は必ず和食という風にしたのですが、全員洋風党なので、日曜の朝も洋風です。そこで、日曜日の朝食、わが家はホットケーキを焼くのです。

日曜日はホットケーキ！　これは子どもたちがまだアブアブといっていた頃からずーっと。

だから彼らにとって、日曜日の朝は赤ん坊時代から大いに楽しみなのです。ホットケーキなんて今や珍らしくもなんともない食べものだけれど、それが日曜の朝必ず出てくるというのは又別で、けっこう楽しみなものです。

■仕切りつきランチ皿もいいものです

ホットケーキはバターとはちみつで。のみものは冷たいミルク。それからベーコンエッグ。キャベツのスープ煮か油炊めをたいてい添えます。これは新婚時代からの習慣。なぜいつもキャベツであるかといいますと、それにはちょっとおかしなエピソードあり。

この組み合せをしたきっかけは「暮しの手帖」の料理記事を勘違いしたことからなのです。確か日曜日の朝食という題でホットケーキとその他の献立が出ていました。いかにもおいしそうで、いかにも日曜日という感じでした。その時の錯覚は、ホットケーキの横の器にキャベツのソティが盛られていたと思いこんだことです。それを真似たのです。ホットケーキとキャベツのソティは実によく合って、この組み合せがいたく気に入ったのです。

ところが後日改めて「暮しの手帖」を見ると、キャベツソティのページはホットケーキではなくて違うページでした。勘違いに気づいたものの、それ以来ホットケーキを食べるとキャベツソティが食べたくなるのです。妙な習慣ですが、これがすっかりわが家の日曜の朝に定着し、みんなの楽しみにもなりました。

ホットケーキを焼く匂いが流れると、家族の誰もが「きょうはお休みだァ」と実感するのです。

日曜の朝というのに洗いものに油ものが多いので、子どもたちのは仕切りつきのランチ皿にしています。これだと洗いものが一枚ですみます。マンガも何もついていない白のだ円型、ほんとは大人用のらしく、私と夫の分も買っとけば良かったと思っています。いっそプラスチックでもよく、仕切りがあって、おとなっぽいものがほしいのです。そうしたら日曜の朝は一枚皿、という休日らしさのあるものが又増えて面白いです。

家族がすぐ手伝えるキッチンですか？

■三歳になれば立派に食卓をととのえられる

働く女性にとって、子どもがいると、大変な面があるのは確かですけれど、小さいうちから、うちでは母親も働いているのだということを自然な形で子どもが理解していると、子どもがいるからこそ助かる部分もかなりあるのです。

子どもにとって、あまり負担にならないよう気をつけなければなりませんが、家のことはお

となも子どもも、男も女も、とにかくみんな働くというふうに育てたいものです。

まだ小さいからと、手伝わせることをしないと、子どもというのはあれよあれよと思うまに大きくなり、気がついた時は時期を逸してしまいます。

お米洗いのことなど、お米が流れて少なくなるのを覚悟なら、三歳を待たずして出来ます。これがコツで、ちゃんと洗えるようになってからと思うより、お米が少なくなって少々もったいなくなるとしても、やりたいと思う幼ない頃のほうこそチャンスなのです。

朝食や夕食の食卓をととのえるのも、幼なくても出来ます。私は小さい背丈に合わせて、低い位置に、彼らが用意してくれる食器を入れました。子どもの背丈の成長に合わせて食器を入れる位置をかえていっております。それも、あっちこっちからバラバラと食器をとり出すというのでは用意もしにくいと思い、朝食のものは朝食のものというようにひとまとめに置いております。

わが家の朝食はパン食ですから、モーニングカップ、パン皿、紅茶の缶、ジャムなどひとまとめにしてあります。スプーンやフォークやはし類は別の引出しに、それも子どもたちがらくにとり出せる位置に入れてます。(口絵写真参照)

子どもに手伝わせるというより、子どもの仕事としてやらせるほうがいいのです。手伝うということであれば、お皿が上の位置にあってもいいわけです。手の届くおとなが取って子どもが運ぶ。これだとまさしくお手伝いです。

むろん、お手伝いというのもあっていいのですが、まだ子どもだからおとなの手伝いをというのばかりではいつまでたっても従属的です。子どもが自主的に家の仕事もするようにさせるためには、子どもの仕事として責任を持たせることです。

子どもが食卓をととのえている間（三歳でも立派に出来ます）、おとながゆで卵を作ったり湯をわかしたりします。

自分の仕事として習慣化したものは、子どもにとっても生活の一部ですから、何もやらなくてすむ子よりかわいそうなどということは決してありません。

■「あっ、お母さん手抜き！」といったある子どもの言葉

実のところ、母親が働くということはこの世の中で別に変ったことでもなんでもなく、家庭の他に仕事を持たない母もあれば仕事を持つ母もある、どちらもふつうのことで何でもないのです。ほんとは、子どもがいるから大変だ、子どもがいるから助かる、などということもおかしなことかも知れません。

どっちにしても生きていくということは大変なこと、働きつづけたいから子どもを持たない、子どもがいるから仕事を持たないといった選択は自由だけれど、結婚し、子どもが出来、仕事もやっていくということを、特別なこととして考えたくありません。

ただ、子どもが少し大きくなってから母親が仕事を持つ場合は配慮が必要です。母が働くか

ら、急に子どもにいろいろ家の用をしてもらいたいと一方的に思ってもうまくはいきません。

仕事を持つということで、あなたたちも協力をしてほしいと、ちゃんと子どもたちに話すことが大事です。

ずっと専業主婦だった場合、母親は台所の人そのものと思っている子も多いようです。

ある母親が、人参の皮を皮むきを使ってむいていたところ、小学校高学年の子どもがそれを見て「あっ、お母さん手抜きしてる！」といったそうです。恥ずかしい所を見られたかのように笑いつつ話す彼女に、私は笑ってうなずき返すことが出来ませんでした。

まったく何でもない話なのに、それが彼

女の息子であり、子どもであったから私はこだわったのです。

母親というものに対して、女性というものに対して、その子がどう思っているかが、無邪気にいった些細な一言で分ったような気がして、笑い返すことが出来なかったのです……。

子どもに献立をまかせてみよう

■なかなか立派な献立、買物ができますよ

土曜でも日曜でもかまいません。休日の夕食献立を、子どもたちにまかせてみませんか。もう大きなお子さんを持っている人なら、とっくにそんなことやらせていますといわれるかも知れません。しかしこれはすでに何か料理が出来る子どもだからまかせるというのではないのです。

極端な話、料理がまったく出来ない年齢の子でも、料理でなく、献立をまかせることは出来ます。

子どもに料理を作らせるというのもいいけれど、献立をまかせるというのは面白いですよ。

小学校の低学年だと、いくら料理を教えたところで、作れる料理はしれてます。そんなこと

にこだわらず、献立づくりをさせるのです。

うちの子は現在小学校二年生と四年生。私は土曜日の大買物の日は子どもたちを荷物持ちにするべく買物に同行させせます。その時ふと、そうだ今夜彼らにまかせようと、突如思いました。買物はしょっちゅうやらせていますから、その時も急とはいえ、買物からやらせることにしました。

「出来ないものはママが作るから、何でもあなた達の思うお献立を作って、好きなもの買ってきてね」そういってお金を持たせたら子どもたち大喜び。待ち合せ場所を決め、私は悠々と本など立ち読みに。

驚いたことに実に見事な献立、買物が出来、親ながら感心しきったのです。お金が足りなくなるのではないかと心配したのですが、おつりもたっぷりありました。ちなみに、その日の夕食はどんな献立だったかといいますと、

豚肉のステーキ（牛肉は高かったからとのこと）しし唐辛子ソティと、ゆでじゃがいも添え
ほうれん草のおひたし（花かつおを上に盛り、大きな器に入れて取り分けたいとのこと）
セロリスティク（少し固いものもほしかろうと、棒状に大きめに切って塩をつけつつ食べる。これも大皿盛り）
コーンスープ

いかがですか？　まったく添削なしの子どもたちだけで考えた献立です。豚肉を焼いたのは私ですが、ほうれん草を洗ったり、セロリを切ったりは子どもでも出来ました。子どもだけで献立を作ったのですから、料理のほうもことの他おいしかったらしく、上気げんでした。私からみても、取り合せも申し分なく、値だんのほうもほどよいものでした。

以来、味をしめてちょくちょくやらせます。自分の子どもといえども、私以外の人間がたてくれる献立はびっくり箱のようで面白く、楽しみです。

どこのお子さんでも意外に出来るものですよ。こんな献立の日もありました——。

とりもも骨つきオーブン焼き
いんげんソティ
枝まめ塩ゆで
ハムとポテトのサラダ

■必ず心からほめてあげること

夫にも好評なので、月に一度位やらせたいけれど、ノルマにはしたくなくて、今は子どもも楽しむという状態にしています。

子どもが料理を作ったり献立をつくった場合、親は心からおいしく食べてやるべきです。女

親はそんな場合喜んで食べますが、男親でたまに、「子どもの料理なんか食えるか！」という人もあるようです。それこそさっきの皮むきの話ではないけれど、妻に「子どもにやらせて、自分は手抜きしたな」という思いでしか子どもの料理や献立を見ない人もいるとのことで腹が立ちます。

子どもだけでなく、夫たちも料理を作るというのであれば、実に助かりますね。いや、助かるばかりでなく、休日の過し方として月に一度くらいは夫が料理を受け持ってくれると、ずいぶん楽しいものとなるでしょう。

でもこれは子どものように簡単にはいきません、料理の出来る夫というのはまだ少数で、夫の手料理など一生味わえぬという妻が大部分、お互いにちょっとつまらないと思いませんか？料理は創造的なものです。興にのれば面白く楽しいもの、その創造的喜びを一生知らずして終るというのは男性にとって、損な話と思うのですが。

外食の効用

■初めから終りまで全員すわっていられる

子どもがうんと小さいうちは外で食事するということもままなりませんが、少し大きくなると子連れで外食という楽しみも増えます。

外食というのは賛否両論あるようです。何が何でもうちで食事をする大切さを強調する人と、たまには外で食事する楽しみを持とうとする人と。私は後者のほうです。

外食の効用、とはじめにうたったのは、食べることの楽しさのことでは実はないのです。

確かに、名実ともにおいしい料理を出す店でなら十分に食べる楽しさが味わえますが、近ごろではそれ相応のお金を出さないとなかなかおいしいものに当りません。ならば、どういった効用があるかといいますと、家族が家族らしく話せる場が持てるということです。

まことに妙なことをいうと思われるかも知れません。家庭でこそ、家族の団らんがもっともあるべきところというのが常識のようにいわれていますから。

しかし実際にそうでしょうか。

日本の中の80％の人たちがテレビを見ながら食事をしているとのことです。また、たとえ見ないとしても、家族そろっていっせいにはしを取るということもわりに少ないものです。子どもはクラブ活動か何かで遅れるということがあったり、たとえ家族が一緒に食事をはじめるということが出来ても、母親は何度か食卓をはなれて台所を行き来することもあるでしょう。外の店では、誰一人テーブルを立たなくてもすみます。しかしだからその点がいいというのではないのです。

実は料理がはこばれてくるまでの何十分か、じっと席で待っていなくてはならないでしょう。これが良いのです。食事が出来上るまで家族そろって食卓で待つなどということは、コックかメイドでもいない限りあり得ません。

ところが、外ではひたすら待たねばなりません。私はそんな時大いに話すことにしています。日頃は子どもに対して、話してやれないようなどうでもいいことを大いに話してやるのです。「ママが今でも忘れられない幼ない頃の悲しいこと」とか「ママは昔美人であったからパパがプロポーズしたのである」とかいった、必要欠くべからざる会話でなくて、必要をいくら欠いてもいいような話を聞かせてやります。彼らはもう楽しくて仕方がないといった顔をして聞いております。

■夫は新聞、子どもはマンガでは無意味

これが、家で、食事しながらの話となるとまた違ってきてもう少し日常的な話になります。それはそれで楽しいけれど、外での食事となると、待ち時間も入っているので心ゆくまで話せます。電話もかかってこないし、あ、あれ忘れたと席を立たなくてもいいし、終った人から席を立っていくということもありません。

ただし、ぜったいにテレビ、週刊誌、マンガ、新聞といったものの置いてない店へ行くことです。そんなものがあると、子どもはマンガ、夫は新聞、自分は週刊誌ということになって、何のために家族で来たのか分らなくなります。

夫ともいろいろ話します。外という雰囲気で、家とは違った会話がはずむということがあり、また、良い観察のチャンスでもあります。

学校のことなどもさりげなく聞き、日頃心配なことも意外にあっさり聞けたり、答えてくれたりするものです。

食事を待つ時でもないのに、家のテーブルにただ坐って、いろいろ聞いたり話したりでは自然な形で出ないこともあるでしょう。

料理もそれぞれに好みのものをとった場合、あっちと交換、こっちと交換といった少々の行儀悪さはあっても、こんなこともあっていいのではありませんか。

家族の体の調子なども、内心でジロジロ観察出来る良いチャンス。待つことの楽しさを味わうことが出来たら、ファミリーレストランとて、満更悪くないのです。

お客さまは苦手？

■あまりいろいろしようと思わないこと

お宅ではお客さんをよく招かれますか？

お客さんを招くということは楽しいことですが、人によっては大苦手という人もあります。特に夫の客は敬遠という人もあります。

私は夫の友人たちもどんどん家へ来てもらいます。自分とは違う世界を持つ人たちとの交流はなかなかに面白いものです。

お客が来る！　というだけでおっくうに思う人は、あまりにいろいろ大変なことをしようと思うからではないですか？

前もって作っておけるもの、温めるだけですむもの、さめてもおいしいものなどいくらでも料理法はあるものです。あれもこれも手をかけなくちゃと思う必要はなく、自信作が一、二点

あればあとはサラダやスープでよいのです。ただ、量だけはたっぷりと。

お酒をのむ人なら生で食べられるような塩タラコをかすづけにしておいたのや、セロリをみそ漬けにしたりしておくと手をかけることなく絶好のさかなになります。

お客が来る！　ということになると日頃は気づかなかった家の中のすみずみまで気がかりになるものです。それをおっくうに思う人もあるのでしょうが効用も大きいのです。

たとえば湯のみやティカップの茶しぶなど、家族だけで使っているうちは別に気にならなかった汚れがにわかに目立って見えてきて、ピカピカにしたくなります。何に対しても急に他人の目で家の中が見えはじめるのですから不思議です。

「お客さんがくるからうちはもってるの」と豪語している友人もいます。この人Fさんはまったくその日暮らしみたいなところのある人で、夫である人がどんなにいやな顔を見せようと平気の平座、「ゴミで死なないわさ」などといい放つ人なのですが、何人かの人と招かれた日は見違えるばかりの家の中。別にいいかっこうしてそうしたわけでも

ないらしく「私は気にならないけど、人は気になるだろうから」と、重い腰をあげてやっとのことで美しくしたとのこと。

■夫の友人も自分の友人にしてしまう

人を招いたり招かれたりして思ったことは、夫婦で日頃いいにくいことなど、友人たちの前で冗談めかしてわりに簡単にいえることってあるのだな、ということ。

Fさんの夫が私に、

「まあ聞いて下さいよ、他のことはともかく、これだけはいやだってことあるんだなア」と、冗談めかしてF子さんのグチをいったことがありました。もし面と向かっていわれたら素直に「はいそうですか」とはいえそうもないことだったけど、「……F子も実にいいところがあるんだがなア」などといいながらいったことなので、F子さんはかえってにこにこと「へー、そんなにいやなら直してしんぜましょ」などと案外平気でいってました。

夫婦の日頃の本音を友人たちの間でさらっといってのけ、耳にあえて入れるといったこともあるようです。むろん、このことはトゲがあったり、くどくなったりではぜったいいけないのだけれど。友人の耳に入れることが実はつれあいの耳に入れたいためにいうことだったり……。

ここでいう友人というのは、夫の友人、妻の友人といった区別はありません。

夫の友人も自分の友人になりたいし、自分の友人も夫の友人になってほしい。若い頃によく

来た夫の同僚たちが、今では私と夫との共通の友となっております。

生活評論家の鷲津美恵子氏は、「たとえマージャンだけをやりに来た人でも、自分の友にしてしまいなさい」といった意味のことを書いていたのを新聞で読んだことがあります。

おとな同士の集まりはほんとにいいものです。せまい家でも、小さい家でも、客は大いに招くべし。つかれがどっと出るような固苦しい招き方でなく、上手なつき合い方で。

夫との会話ありますか？

■共働きを左右する夫との関係

今更いうまでもないことだけれど、夫がいて子どもがいて、家庭というものを営みつつ女性が働き続けるということは、そう安易なことではありません。安易ではないけれど、家庭も続け、仕事も続けていくというのであれば、そこに夫との関係を大きく浮きぼりにせざるを得ないでしょう。

「共働きの秘訣なんてひとことよ、それは夫とうまくやっていくこと！」と、それこそひとことでいってのけた人がありました。これは確かにかなり正解です。

女性が働くことをよしとする男性ばかりであればここで論じるなにものもないのですが、現実には、妻が働くことに不賛成の夫がまだまだ少なからずいるのです。

いや、だからといって、協力的な夫との生活なら、波風なく、悩みも困難もなく過せるかというと、決してそうとばかりはいえません。

私がはじめて子どもを生んだ時、病院の婦長さんがこんなことをいってくれました。

「子どもには手のかかる子と、らくな子とがいます。手のかかる子というのはいつもなにかしら親をわずらわせ、ほんとにこの子には手がかかると、親はいらいらしながらもまさしく手をかけます。手をかけないとその子は承知しないからです。

一方手のかからないらくな子というのは、泣くことも少ないし、親のほうも大助かり。うちの子は手がかからなくて大助かりよ、ということになります。

ところが、ここで問題になるのは手のかかる子でなくて、手のかからない子なのです。赤ちゃんを育てている時って、どんなにらくな子を持っても大変な忙しさです。そんな大変な時に赤ん坊がらくな子であったら、親はついついそのままにしておきます。泣きでもしない限り、抱いたりすることも少なくなります。

とくに二番目、三番目の子になると上の子の世話もあって、つい置き去られがちです。らくな子にも、親として手をかけてあげる部分がないと、いつかその子の中にひずみとなって、どこかに出てこないとも限りません。

あなたの赤ちゃんがもしとてもらくな赤ちゃんだったら、時々私のいったことを思い出して下さいね」

長い引用で申しわけありませんが、これは二番目の子を持ち、その子が実にらくな子であったので、まさに婦長さんのいわれたことが生きました。上の子が年子の姉でわりと手がかかり、おまけに私は仕事を持ってます。だからどうしても手のかかる部分からやろうとし、つい手のかからないところは置き去っていきます。

■ついつい忙しさに流されがち

今、私は〝夫との時間〟を書き出すうち、突如この婦長さんの話を思い出したのです。夫の話をするのに、赤ん坊の例を出しては気を悪くされるかも知れませんが、婦長さんの話を思い出したということは、話の中の赤ん坊はすっぽり夫に置きかえるとよいと気づいたからです。

ね、そう思いませんか？　手のかかる、非協力的な夫というのは、こちらが腹を立てながらも手をかけざるを得ないけれど、手のかからない夫というのは、夫への気づかいといったことはつい忘れがちになるものです。気がつけば、夫と何日もちゃんと話していないということだってあり、それはそれで日が過ぎていくということにもなります。

しかし大のおとな同士、べたべたと手を焼くことが最良というわけでもないし、実のところ

そんなひまはありません。そこで夫との潤滑油はやはり〝食〟であるということはくり返しいっておりますが、たまにはお酒でものんでゆっくりした時間を夫と共にすごしたいものです。今さら向いあったところで話すこともないというのであっても、二人ででれっとテレビを見ながら、ああでもない、こうでもないというだけでもいいのではないでしょうか。そういう時間を意識して作ることを努力しないと、つい日々の忙しさに流されがちになってしまいます。

わが家のミルクタイム

■たとえ仕事が気になっているときでも

以前、うちの夫が胃をこわし、ミルク療法というのを病院ですすめられたことがあります。それは夜寝る直前に、甘みのうすいビスケット2枚と牛乳を1カップ必ず毎日飲むというものでした。

私のような仕事は、夜にこうして原稿を書いたり、料理撮影の準備をしたりと、ふつうの人なら自分たちの生活時間に仕事を食いこませないように出来るのに、そうも出来ない時も多いのです。

けれども、夫がミルク療法を続ける間中、これだけは毎回毎回必ずつき合いました。ほんの短いひとときでしたが、私は何か夫と話さなければならないことがあると、〝そうだ、ミルクタイムに話そう〟と思ったものです。

時間のおつき合いだけでなく、私は胃も悪くないのにミルクもビスケットもつき合ったものだから、せめて40kg以上にはなりたいと願ってた細い体が、みるみるうちに40kgをどんどん突

破してしまいましたが、非常に楽しい思い出として残っています。

その頃だって忙しかったし、心の中ではあせる思いもあったかも知れないけれど、そんなこと何も覚えていなくて、今は、ミルクを温めたり、ビスケットを2枚ずつお皿に並べたりしていた夫や私の姿と、ミルクをのみながらとりとめもなくしゃべっていた私たちのことしか覚えていないのです。

その頃の私にとっては、たとえ短い時間でも、仕事においてはもったいない時間だったかも知れません。でも、毎日毎日、雨が降ろうと雪が降ろうと、朝一番の〆切りをかかえていようと、欠かさずミルクタイムを夫と共に持ったことは、今に続く生活、これからの生活に何の影響もなかったとはいえません。

■夫婦だからこそほしい二人の時間

こんな、ミルクタイムのようなものが、日々の生活の中で、ぜひともほしいのです。毎日がむりなら、せめて明日が休日というもっともリラックス出来る日の夜にでもほしいものです。ゆったりいれた日本茶でもいいし、紅茶でも、コーヒーでもいいでしょう。

月日というのは実際、何もしなくても、何かしてもどんどん流れていき、夫婦というのは、お互い緊張感も薄れて、少々のこと位、努力なしであいまいに生活を続けていくことは可能です。

だからこそむしろ続けていけるのだといえないこともないでしょう。しかし、その中でも何かけじめみたいなものがあるほうが、二人で共に生活していく意味があるように思えます。

第六章
30分でできる料理法

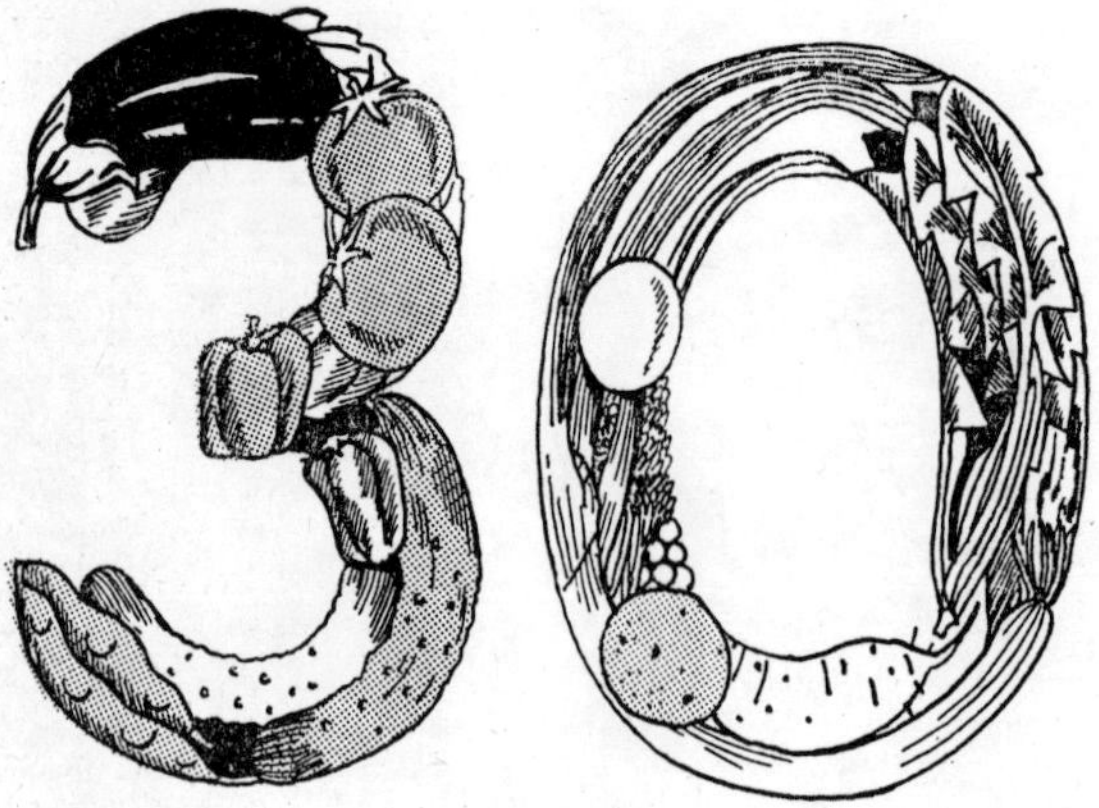

30分が勝負！

■短時間で作れる料理のレパートリーを増やす

ある女性が、

「わが家の食事はいつもフルコース」というのです。彼女も働いている身なのに、それはすごいなァと感心したら、

「いーえ、とてもじゃないけど食事をずらりと並べてさあどうぞとはいかないので、出来たものから次々食卓へ運び、食べてる間に又作りというわけで、一品ずつだからフルコースよ」

なるほど、私も子育てがもうれつに忙しかった時期、作っては運んだこともありました。だからその感じすごく分ります。

でも、それはほんの一時期だけでありたいし、夫との食事にはやりたくないことです。一品ずつ運んで、結果としてごちそうであったとしても、ゆっくり味わうゆとりがなくてはごちそうとして味わえないし、かえって逆効果、いっそ、そういう時はスピーディで簡略な料理にすることに開き直って、食事はゆっくりとることにしたほうが良いですね。

小さい子のはそうもいきませんが、おとなの食事は、ごちそうをそろえることよりも、時には雰囲気を楽しむことのほうが大事です。

これはしかしたえず意識していないと、ついついということがあります。それだけ働く女性は大変といえるのですが、あまりの日々の忙しさゆえに、料理をつくるのだけがやっとという生活にも流れやすいのです。

食事をするほんの何分か前までは、ばたばたと落ちつかなく動き回っていたとしても、食事の時は家族と共にゆっくりと夕食を楽しみたいですね。そのためにも短時間で作れる料理のレパートリーを数多く持つことです。

■ほとんどの人が家に着くなりエプロン姿

私がある出版社から、忙しい人のための料理の本を出すことになった時、当初の編集担当者であったIさんが、

「時間ですよ、時間。調理時間をすべて書きこみましょう。これは10分で出来ます、これは15

分で出来ますって」

と、意気込んでいました。

たしかに便利だけど、それだけだったら何だか味けない話。忙しい人でも、時間にまかせてほっぽいて良い料理もあるし、合い間仕事に作っておけば翌日に間にあいます。

だから、一律に調理時間を見ただけでは、一時間とあると、15分に比べてすごく手間がかかるという印象を持ちます。15分のほうはつきっきりの料理、一時間のは時間はかかるけどほっぽといていい料理というのであれば、時間だけにとらわれるのは損な場合があります。だから、

「そんなの、なんだかあまりおいしそうな本じゃないなァ」っていったんです。

その時はそれだけの話で終ったのですが、気になって、家庭持ちの働く女性に片っぱしから聞いてみました。

「時間よねえ、時間」

「とにかく簡単に作れておいしいもの」

「調理時間が何十分とかって書いてあると助かるわ」

前記の「調理時間をぜんぶ書きましょう!」と意気込んでいた編集担当の彼女も、そういえば家庭持ちの、働く女性の一人。

いつ会ってもさっそうとしていて、生活の匂いがほとんどしない彼女も、私と同じく仕事が終って玄関に入るやいなや電気ガマのスイッチを入れに走るのか、いや、ごはんはタイマーに

まかせて、まずエプロンを大急ぎでかけつつ流しの前に立つのかと「お互いにようやるねえ」ポンと肩などたたきたくなりました。

結局、本のほうは、作り方がらくであるというところにポイントを置くことになりましたが、調理時間が働く女性にとって、非常に重要であることを再認識しました。

今頃再認識などといっては、なんだちっとも分っていなかったのかといわれそうですが、とんでもない。〝らくらく〟などという言葉をはやらせた元祖が私であるということは、とりもなおさずいかにらくに、手早く、おいしいものを作るかをいつも考えざるを得ない忙しい生活を私も送っているということなのです。

30分クッキングの智恵あれこれ

〈台所仕事というものは、ほんのちょっとしたことで時間や手間がはぶけるといったことがあり、そんなあれこれを集めてみました。〉

■らくらく揚げもの

(イ)少ない油で

揚げものをからりと揚げるためにはたっぷりの油でというのが料理の常識みたいにいわれていますが、そんなことありません。

もっともおざしき天ぷらのごとく、たっぷりの新しい油にうすい衣をつけたえび一尾を泳がすがごとくに揚げるといったものならともかく、家庭らしく食べるとしたらそんな必要はないのです。

唐揚やコロッケなどはむしろ半分くらい油から出ていたほうがからりとおいしく揚がります。揚げなべに半分くらいの油を熱したら、びっしりと表面をおおうくらいタネを入れるほうがよく揚がります。

ただし、その場合むしろタネは必ず油から少し顔を出していること。

町のおそうざい屋さんをのぞいてごらんなさい。大きな天ぷらなべにそれこそびっしりとタネを入れ、カラリと揚げる術を心得ています。

天ぷらは油がとぶからと、深いなべでする人もあります。これもいい方法ですが、この場合はびっしりとは入れないほうがよいようです。

㋺使った油はすぐに移す

揚げものをした油はそのまま置くと早くいたみます。又、冷めてしまうと油缶に入れにくくなりますから60度くらいのうちに移しておくことです。油缶は小さいと安定が悪いので大きめがいい。使いよいものを選ぶことも大切です。わが家のはもう10年以上使っていますが非常に

使いやすいものです。(口絵写真参照)

㈧捨てる前にいま一度

なるべく深めのなべに古油を入れ、中火よりやや弱めの火で芋類を揚げます。但し皮がついたままで。ななめに2つ位にならっても切ってもかまいません。

じゃがいも、さつまいもはよく洗って皮つきのまま油の中に入れます。ふたをして時々ひっくり返すだけで、30分もすればほっくりとしたとても油で揚げたとは思えない味に出来てます。

㈡拭き魔になること

揚げものをするとどうしても油がとびます。揚げている途中、揚げてからすぐ、とにかくとんだ油はふきとることです。あとでしようと思わないこと。ステンレスの調理台ならかえってきれいに光りますよ。

■冷凍して常備しておくと便利なもの

近頃は働く人で冷凍食品を手作りしておくという人がふえてきました。市販のものでも何げないものを冷凍しておくとちょっとした時役に立つものです。

㋑油あげ

朝食がごはんという家庭はおみそ汁がつきものですが、いつでも油揚げを冷凍しておくと重宝します。みそ汁を作り始めるまえに冷凍庫から出しておくと、台所はさみでチョキンチョキ

ンとみそ汁の中へ入れられます。カチカチならポキポキ折って入れます。

油揚げは室温ですぐ戻りますから、何もない時、炊きこみごはんの具にもなります。私は十枚ほど一度に熱湯でぐらぐらと一時間近くゆでて（この方が味がよくしみやすくなります）油ぬきしたものを冷凍してあります。

ゆでるのは夜にでもガス台の上にほうっておけばいいので苦になりません。それをこんどは時間のある時に解凍して甘辛く煮ておきます。これもほうっておけば出来ます。さめたら又冷凍しておきます。

こうしておくと朝、お米を洗い、室温に煮た油揚げを出しておくと夕方いなりずしにすぐ使えます。すし酢は急ぐ時は即席の粉末すし酢を使えば、なお早く出来ます。

いなりずしはとき辛子をちょっとつけて食べるとおいしく、熱々のほうじ茶が何より合います。

㋺パン、ハム類、たらこ、竹輪

朝食べるものがないというのはみじめです。いかなる時も食べものがあるという安心のためにも、パンは必ずいくつか冷凍しておきます。

ちくわ、ソーセージ、たらこ等も同じ。

㋩ミートボール

手作りしておくといいものの筆頭はミートボールです。豚肉でもとり肉でも一度に500～600g

位、みじん切りの玉ねぎと卵、塩、こしょう、片栗粉をまぜてねり、だんごに丸めてゆでたものを冷凍しておくのです。

カレーにシチューに実沢山のスープに揚げだんご、つくねにと、非常に利用範囲が多く、いろいろに使えます。

㈡カレーやシチューのルウだけ

カレーやシチューを冷凍しますと、じゃが芋や肉の味が非常に落ちます。そこでルウだけを冷凍します。ただし、これはそのためにわざわざ作るのではなくて、カレーライスの献立の時、余分に作っておくのです。5カップ作るのも10カップ作るのも、作る手間は同じようなものです。

これはいよいよ作る時間も買物も出来ないという時、解凍して温め、肉屋さんの揚げたてのカツを利用してカツカレーに。

■ついで仕事のすすめ

カレーもそうですが、シチューなども多めに作り、グレイビーソース代りにルウだけ冷凍しておくのもよく、シチューを新しく作る時足すとコクが出ます。

量が多くても少なくても時間も手間もたいして変らないといったものは、ついでに多めに作っておくと後で重宝するものです。冷凍品づくりのために多くの時間をわざわざさくというの

では時間節約にはなりません。

夜洗いものをする時、どうせ台所にいるのですから、日保ちのいいものを一品作っておくといいものです。

たとえばひき肉を使う日は多めに肉を買い、夕食に使ったあと残りのひき肉でミートソースを作っておく、カレーを作る日はついでにシチューもというふうに。カレーとシチューの材料は同じだから。

■急げや急げのとき

(イ)洗ったお米をすぐ炊く場合

うっかりしてお米をつけておく時間がなくて、やむを得ず洗ったばかりのお米を炊く時は、米1.5カップに対し、酒大さじ1、みりん小さじ1を加えて炊きます。こうすると炊き上りがかなりましです。

(ロ)干し椎茸をすぐ使いたいとき

熱湯をかけて4〜5分おくか、熱湯でゆでてしまうかのどちらでも。汁も使う。

(ハ)すぐ食べられる野菜

洗うのが簡単な野菜を使います。たとえばブロッコリー、オクラ、しし唐辛子、にら（根本をしばったまま洗う）等は洗うのも簡単でゆでたりいためたりすればすぐ食べられます。

㊁わき役で味をきかせる

急いだ時の料理がどこが手抜きくさいという感じにならないよう、いつもわき役は常備しておきたいものです。

たとえばパセリ。インスタントや缶詰のスープを使った時でも緑あざやかなきざみパセリが散っているのと無いのとでは大違い。

季節によっては柚子、みょうが、アサツキなども用意しておきたいもの。だしの素を使ったみそ汁、吸物でも、これらがあると少しは救われます。

■"だし"は和食の決め手

煮干し

朝食がごはんの場合、夜のうちから煮干しを水につけておくとだしの出方が違います。夜、テレビでも見ながらハラワタと頭をとり除いてから使うと苦味が出ずいい味です。

これをつけておいて数分煮立てて使います。ただし時間のない時はつけておかなくてもかまいません。

㋺かつおぶし

かつおだしは煮立った湯にふつうは入れるのですが、近頃のは水から入れた方がコクが出るのもあるようです。煮立っても少し煮るくらいに。

だしをとるのは面倒なようでも時間にするとわずかなもの。なべに合うだしこしを入れてそこへかつおや煮干しを入れ、煮出したらそのまま引きあげるというようにすると手間がいりません。

㈧昆布

昆布だけでコクを出すのはむずかしく、かつおと使うと実に上等のだしが作れます。

水3.5カップに対して昆布10センチ角を水から入れ、煮立つ直前に引きあげて、けづりぶしをひとつかみ入れます。ワァーと煮立ったら火をとめます。

又は前夜からつけておいても良いだしがとれます。

㈡即席だしの素をコクのある味にするには

もし即席のだしの素を使う場合は、次のような方法でするとコクが出ます。

(1)中に入れる具を炒めてから水を加える。
(2)具に豚やとり肉を使う。
(3)ベーコンも良いだしが出てみそ汁とよく合う。
(4)すまし汁の場合は、酒を必ず使い、みりんをかくし味にし、必ず吸い口をつける。たとえば柚子の皮のそいだもの、三つ葉、あさつき、木の芽、青じそなど。
(5)みそ汁の場合、おわんに盛ってから上等の花かつおを天盛りにする。

■働く女性が大さじ小さじを必要とするわけ

手なれた料理を作るのに、大さじだ小さじだと計量するのは、ばかげているといわれがちです。私も昔は料理の本にはなぜこうも大さじ何ばいとかカップがどうしたとか書いてあるのかといやでした。

ところが、使いなれると、時によって非常に合理的にことが運びます。

仕事を持っている人の場合とくに、外でいやなことがあったり、疲れすぎたりしていると、

台所に立つのがしんどいのはむろんですが、料理に集中できず、味が安定しないということがあります。何度も味見するうちますます分らなくなるといったような……。

炒めものや汁ものはともかく、中華の甘酢あんなど、覚えやすい割合があるのでスプーンを使うほうがスピーディだし、味も安心できます。一応の基本線を知っていれば、自分はもう少し甘くしようとか、酢をひかえようとか次からすればよく、いくらでも個性を出すことが出来ます。

(イ)甘酢あんの基準味

水（又は塩味のないスープ）1カップに対してしょうゆ、酢、さとう各大さじ2、煮立ったら大さじの水でといた大さじ1の片栗粉を加えてとろりとさせる。

簡単な味つけ法をいくつかメモっておくと、便利なものです。複雑な味つけはゆっくり出来る時にすればよく、急ぐ場合は大さじ小さじにまかせたほうが結局らくなことも多いのです。

他にも炊き上ってみないと味かげんの分らない炊きこみごはんなど、いろいろとこんな覚え方をしておくといいものがあります。

(ロ)炊きこみごはんの基準味

米1カップに対してしょうゆ味は大さじ1（塩なら大さじ⅕）酒はしょうゆより少なめ、というように覚えると、濃い色、うすい色自由だし、味も安定。

こんなふうに、カップや計量スプーンもばかに出来ないのです。面倒なようでもかえってス

ムーズに、失敗のないものになります。

料理の失敗は疲れている時など、ことにみじめです。一応の目安、基本の分量は、身につけていて損はありません。

和風の煮物なども、しょうゆ、みりん、さとう、酒といった調味料をそれぞれ同量にすると、少し甘いがまあいけるといった味です。

甘ければさとうかみりんをひかえるとか使わないといった具合にし、いずれも大さじか小さじで加減というくせをつけるのです。

汁ものの基準味

吸いもの——だし2カップに対して塩小さじ1/2しょうゆ小さじ1/2

み そ 汁——だし1カップに対してみそ大さじ1が大体の目安。

基準の味を知っていると、さっさと作れます。むろん味見は必ずするべきで、個々の家庭の味を作り出す大事なことですから。

わが家でレストランの味

■家庭で中華の味を出す秘訣

①スープやチャーハン

さて今から料理にとりかかろうとしたら、真っ先にねぎ少々をきざみ、ひたひたのしょうゆを加えて、〝**ねぎしょうゆ**〟を作ります。

スープは固型ブイヨンを使う場合、水2カップに対してブイヨン1個の割で作り、塩、しょうゆを補います。その時のしょうゆを、前もって作ってあった〝ねぎしょうゆ〟を、ねぎごと入れるのです。たったこれだけのことで、ねぎと、しょうゆをバラバラに入れるのとはぐんと違います。さいごにごま油を少したらし、こしょうをふれば出来上り。

ザーサイを少し水につけて塩ぬきしたものを塩の代りに加えても、いかにも中華味のスープになり、卵でとじたりしてもいいものです。

チャーハンの場合も、ふつう、しょうゆを使うところを〝ねぎしょうゆ〟を使って炒めると、いかにもチャーハンらしくなるのです。

㋺"油とうし"なしの料理法

中華風の炒めものなど、プロの作るものと家で作るものとはどこか差があります。それはプロの場合、いったん材料を油とうし（ぬるめの油の中をとうす）するからです。こうすると水っぽくならず、それでいて油っぽくないのです。

家庭ではそうまで出来なくてもよい方法があります。

たとえば、**なすと豚肉のみそ炒め**を作るとしたら、たいていは豚肉をいためたらなすを加え、なすに火が通ったらみそなど調味料を加えて作ります。こうするとなすは油を吸うので足りなくなり、途中で油をさします。油っぽくなったところへ調味料ということになり、肉には火が通りすぎてしまいます。

そこで、中華なべに少し多めに油を入れ、まずなすを炒め揚げするような感じで火を通します。決して火を通しすぎないうちにいったんとり出します。

同じなべに次は豚肉を入れて炒め、塩少々ふってやはりいったん取り出します。にんにくのみじん切りを次に入れて炒め、まだ白いうちにみそ、しょうゆ、豆板醤（唐辛子みそ、なければラー油少々）少々を入れてよくまぜ、なす、豚肉を戻して、強火でざざっと炒めて出来上り。こうして書くとめんどうなようでも、実際には10分とかかりません。

なすや豚肉を一度に炒めるよりはるかに味がよく、早く仕上ります。

キャベツと豚肉炒めなども同じ要領です、この場合は豚肉を先に炒めます。他の炒めものも、

火の通りの違うものは、いったんとり出すというふうにすると、油とうししたと同じです。

■馬のごとく食べられるサラダの作り方

どうも近頃やさいが不足気味という時、手っとり早くサラダということになりそうですが、煮た野菜と違って、生で食べる場合、山のように食べないと大して食べたことになりません。ところがほんとにおいしいサラダというのは、いろいろコツがあるのに、無視されているゆえか、これぞという味にならないようです。

そこで、馬のごとく食べたくなるサラダを作ってみましょう。

(1)まず大きなサラダボールに、にんにくをつぶすか切り口をなすりつけるかします。

(2)ドレッシングの材料を直接ボールの中で合わせます、書いてある順に。あまりしつこくまぜるとまずくなります。洋辛子粉のおかげですぐにとろりとなりますから。

(3)そこへ野菜を次々入れるのですが、入れる順番があるのです。もし玉ねぎやセロリのうす切りをサラダに入れるなら真っ先に入れて香りをつけます。玉ねぎはさらす必要なし。そしてまぜます。次にきゅうりをまぜる。次にトマトをまぜる。さいごに葉のもの、レタス、サラダ菜など。

最大のポイントは、香りのある固いものから入れることと。ひとつの野菜を入れたら必ずいったんまぜること。その都度まぜることによって野菜にマクが出来、水っぽくなりません。サラダをおかずにしてしまうなら、これにツナやハム、ゆで卵、サラミ、とり肉など入れて

蛋白質も一緒にとり、あとはパンとスープですますことも出来ます。

ドレッシングの基本量を書いておきます。忘れてならないのは〝にんにく〟。よほど嫌いでなかったら必ず使うことです。このやり方をすると、他のは食べる気がしなくなりますよ。

4人位のサラダを作る時は――

塩　小さじ$\frac{1}{2}$
さとう　少々（かくし味）
酢　大さじ1
サラダ油　大さじ2.5（油を入れたら、あまりかきまわさない）
洋辛子粉　少々（粉のまま）黒こしょう　少々

馬のごとく食べる家族はこの倍で――

塩　小さじ1（必ずすりきり）
さとう　小さじ$\frac{1}{2}$
酢　大さじ2
サラダ油　大さじ5
洋辛子粉　少々　黒こしょう少々

料理に家族を巻きこむ方法

■さて、男性のキッチンライフは？

この本のタイトルがそもそも働く女性の——とあるので、忙しい女性が何とかスピーディに豊かな食卓を作れるよう考えてきましたが、ふとこれはおかしい、これでいいのだろうかと、時々頭をよぎりました。

なぜなら、なんだかんだと理屈をこねながらも、台所仕事、料理をするのは女性と決めつけた上で、だからこそなんとからくに出来るよう考えているように思えて、そんな自分に少しイライラしながらも、

〈仕方ない、大部分の夫族が妻が仕事を持っていようといまいと、台所のことは妻まかせというのが多いんだから〉

といったあきらめが先に立って、男性のキッチンライフはどうなのか……には目をつぶってきたようです。

近頃は夫族の中にも料理人間が増えてきたらしいですが、他のことは協力的だけれど料理だ

けはダメといった料理オンチが多いことも事実で、そのことがおかしいと本人も、妻のほうもあまり思わないといったことに問題があるのではありますまいか。

と、又々ごたくを並べるよりも、料理オンチにも少しはやらせる法、また子どもたちにもやらせる料理など考えたいと思います。

■文句いうより応援たのむという形

ぎょうざ、しゅうまいの類は夫、子どもだけでせっせと作るようになり、逆に「お母さんも少しは作りなよ——」といわれるようになったらたいしたものです。

料理オンチの夫や子どもにやらせるためのはじめのきっかけは、応援をたのむ形が一番。「きょうはぎょうざを作るけど、大変だから手伝ってね」という予告つき応援はダメ。彼らがその時良い状態なら即オーケーでしょうが、何かに夢中になっている時とか、何かをやる予定を持っていたりだと、しぶい返事がかえってくるでしょう。

だから、ぎょうざならぎょうざをとにかく一人で作りはじめるのです。そこで頃合いを見て、「ちょっと、あなたがたも手伝って——。きょうは一人ではとても間に合わない、早く早く」といった具合に、アーもスーもいわせず家族をせきたてて呼び集めます。

そして一応はちゃんとしたつつみ方を教えながらも、必ず、「でも、どういうつつみ方でもいいのよ、いいようにやってね」

とつけ加えることをお忘れなく。

もうたどたどしくって見ておれないということもあるでしょう。しかしこれははじめの一歩。一度でもやっておいてもらうと後は上達するばかり。どんなに料理のベテランも、必ず生れてはじめてぎょうざをつつんだという経験を経てきているのだし、はじめはやっぱりたどたどしかったはずです。

焼き上ったぎょうざを家族で食べながらここでひとつ予告篇。

「きょうはおかげで助かったわ、手伝ってもらうとずいぶん早く出来るんだもの。ぎょうざの時はこれからもお願いね」

おいしいものを食べている時は、人間決して不愉快ではありませんから、この予告篇もぎょうざと一緒にすーっと彼らに入っていくはずです。

■これだけはかなわないという形

この場合は手伝ってもらう形でしたが、

「これだけはとてもかなわない。あなたのほうが上手だからまかせるわ」

といったものを彼らに持ってもらうこと。これはゴマスリでいう言葉でなく、真実そういったものを持ってもらうこと。

うちの夫はステーキを焼くことと、めん類をゆでること（スパゲティ他なんでも）は私でも

かないません。今後はもっともっとかなわないものが増えてほしいですが。

ゴマスリで思い出しましたが、友人の夫はごまあえの名人です。料理なんて女のやることだ、とつねに面白からぬ態度をとっていた人ですが、それこそ先程の手で、彼女はある日大きなすりばちといりゴマをでんと夫に渡し、

「ちょっとこれお願い、手を痛めたので、すってね」

とたのんだそうです。彼女が手を痛めていたのは事実だったのですが、おかげで夫の思わぬ才能を発見。

「すれたぞ――」という声に、しょうゆ、みりん、さとうも次々渡し、ついでにきざんだほうれん草も渡し、

「じゃ適当に味をつけてからほうれん草をあえて」と、それこそアもスもなくというところ。

そうしたら実においしくて、子どもたちにも評判が良く、以来、ごまあえは彼、ということになり、料理においてまだまだかくされた才能があるやも知れないと、彼女は期待しています。料理づくりに夫や子どもを巻きこむことは彼らもまた楽しいはず。だから大いに巻きこむべし。

何かを煮ている最中、炒めている最中でも、時には「これちょっとたのむわ」と、やり方を教えて菜ばしをあずけることとです。フライなども家族でやるとほんとにらく。小麦粉をつける、卵をつける、パン粉をつけると、三行程あるでしょう。コロッケの時は丸めるからはじまるので四行程。一人でこれらをするよりも家族でそれぞれ分担したほうがはるかに能率的です。

手のかかる茶わんむしも家族で作ると早いです。中の具を入れるのを分担するとずい分ちがいます。

アもスもなく巻きこむといっても、こちら側からはやはり頃合いを見ること、は大事です。夫や子どもにまかせられる料理がどんどん多くなれば、女性は助かるだけでなく、楽しみも増えるし、ぜひそうなってほしいですね。

翌日他人サマに迷惑をかけないですむ、ニンニクを入れないでもおいしい**ぎょうざ**をお教えしましょうか？　ニンニクの代りにザーサイ三、四枚をきざんで入れるんです。すごくおいしいです。私のぎょうざの作り方は、豚並ひき肉400g、ニラとさっとゆがいた白菜にキャベツをみじん切りにしてしぼったものを肉と同量ぐらい、ごま油、しょうゆ。かくし味にさとうを入れてまぜ合わせます。皮は二袋。わが家では家族四人で、これをペロリとたいらげます。

急げや急げ料理集——すべて30分以内あなたは何分でできますか？

＜和洋中華いろいろおかず＞

①ときどり――フライパンもあまり汚すことなく簡単至極な料理。それでいていろんなものに使えます。お皿にみりん大さじ1、しょうゆ大さじ1入れておきます。フライパンを熱して油少々入れ、とりもも肉（皮にところどころ切りめを入れてちぢみ防止をして）を、皮の方から入れ、じっくりと中まで火が通り、こんがりと濃いきつね色になるように両面焼けたらすぐに用意してあったみりんじょうゆの中にジュワとつけこみます。これはすぐ食べても、一晩つけこんでもおいしいという便利なものです。切って温いごはんの上にのせ、つけ汁もかけて山椒粉でも振ればきじ焼きどんぶりが即座に出来ます。とりを焼く時生椎茸やしし唐辛子、ピーマンなども一緒に焼いて漬けておき、一緒に盛り合わせてもおいしいものです。また、洋風にはトマト、きゅうり、レタス等をたっぷり盛り合わせてもいいもの。

②出合い煮――しょうゆ1、さとう1、酒2、水2を煮立て、豚肉の薄切りやとり肉の一口切りをオクラやピーマンなどと入れ、煮えたらぜんぶいったん取り出します。あと煮汁を少し煮つめてとろっとしはじめたら、先程の肉をもどし、味をからめて火をとめます。切り身の魚でもできます。

③とり肉卵揚げ――ふつうの唐揚げより口あたりも味もいいものです。とりは唐揚用にしょうゆと酒少々をからめ、片栗粉をまぶします。ここまではふつうの唐揚げ。そこへ卵1個をポトンと入れて手でよくまぜ、中温の油で揚げます。つけ合せは、もやしのカレー風味。熱湯にカレー粉小さじ1と塩少々入れてもやしをゆで、酢としょうゆで調味する。

④キャベツの段々煮――なべにキャベツの葉を切らずにそのまま一面に敷き、薄切りの豚三枚肉を3、4枚並べて塩少々ふる。キャベツ、肉、塩少々とくり返してビッシリ段々に詰め込む。ギューと押して、お皿を重しにおいてふたをし、中火以下の火でキャベツがやわらかくなるまで煮れば出来上り。途中上下をひっくり返せればなおよい。辛子をつけて食べる。水一滴使わぬキャベツのうまみが何ともいえない。

⑤大根じか煮――30分以内でできるけれど、ほんとは一晩ほっぽっとくと、実に滋味あるひなびた味わいの煮物。なべに昆布の10センチ角以上のものをしき、大根の輪切りかクシ型に切ったものを並べて水をひたひたに注ぎます。はらわたをとった煮干しを6、7本散らし、あれば赤唐辛子1本そのままを入れ、塩、しょうゆで薄い色（味は吸いものよりこいめ）に調味し、酒を大さじ3ほど加えます。落しぶたをしてコトコトと大根がやわらかくなるまで煮

るだけ。冷めてからの方が断然おいしい。素朴な煮物がほしい時に。

⑥チキンシチュー――あっさりとしたシチューで、パンでもごはんでもよい。骨つきのとりのぶつ切りと玉ねぎをいため、人参、じゃがいも、ピーマンの乱切りもいためて水をさし、チキンブイヨンとベイリーフ一枚を加えて煮る。塩、こしょうで調味。つけ合せはトマトと線切りしょうがのサラダなど。サラダの作り方は181頁参照。少し甘くして、うーんと冷して食べるとおいしいですよ。

⑦きのこのワイン蒸し――えのき、生しいたけ、しめじなどをバターでさっといため、塩、こしょうで味をつけ、ワインを少しふりこんでふたをしてむし煮する。これは前菜や酒のさかな、箸やすめにむきます。

⑧牛肉の酒煮――しょうゆ、ワイン同量を煮立ててうす切りの牛肉を煮ます。安い並肉もワインで煮るといい味になります。つけ合せは青々とゆでたブロッコリー、コーンスープなど。おべんとうのおかずにもなります。

⑨コーンチャウダー――豚肉うす切り、玉ねぎをいため、水、牛乳、クリーム状のコーン、冷凍のミックスベジタブル、固型ブイヨンを加えて煮る。塩、こしょうで調味、

豚肉の代りにベーコンの薄切りでも。これにサラダ、チーズ、フランスパンがあれば夕食になる。

⑩西洋煮物——何を作るのも面倒という日のとっておき料理です。食卓に出せるようなキャセロールやきれいなお鍋で作れば洗いものもらく。厚手が好ましい。なべに水を1〜2カップ位と、固型ブイヨン1〜2個入れてとかし、豚肉薄切り、にんじんうす切り、じゃがいもはにんじんより大きめ、玉ねぎ、キャベツか白菜などざくざくっときざんでびっしり入れ、ふたをしてコトコト煮るだけ。セロリやトマトを入れてもおいしい。このままでも充分おいしくてあっさり向き。ここへケチャップやワインやソースやしょうゆ、こしょうなど少々加えてもけっこう。ただもうやわらかくなりさえすればよくて、大きめの器にたっぷり入れれば立派なおかずです。ごはんにもパンにも合います。和風の献立にするならみそ汁でも合うし、洋風なら簡単にあとはトマトジュースでも。

⑪ガスパチョ風スープ——ミックス野菜ジュースをスープ皿に入れ、氷をいっぱい入れ、セロリ、トマト、玉ねぎ、パセリのみじん切りを小さじ1ずつ入れ、レモン汁と好みでタバスコをふります。暑い夏の中帰った日など食前にこたえられませんよ。疲れがふっとびます。

⑫**国籍不明の春雨サラダ**――春雨は熱湯をかけてそのままおき、手が入れられるほどになったら洗って水を切る。ガラスの器の一番下に白菜を線切りし、春雨を置き、トマトをざくざく切って散らし、きゅうりのきざんだものも散らし、上から春雨をおく。別に豚ミンチを200gほど炒めてしょうゆ、酒で濃いめの味をつけ、すぐに春雨の上にすっかりかけます。そしてごま油を大さじ1まわしかけるのです。食べる時は全体をうわっと混ぜ合せます。知人にごちそうされて気に入ったもので、ボリュムもあり、おかずにも軽食にもなるもの。

＜らくらくごはんもの＞

⑬**鮭ずし**――甘塩の鮭をゆでてほぐし、きゅうりをきざんで塩もみしたもの、いりごまなどを具にする。焼きのりをもんでたっぷりかける。冷凍の茶わんむしをごはんを炊いてる間に蒸し、他にきゅうりやかぶの即席づけなどそえれば立派な夕食。

⑭**いなりちらし**――油揚げはこまかくきざんで甘辛く煮つける。途中でしめじのきざんだものを加えてついでに煮る。紅しょうがのきざんだものと一緒に酢めしにまぜこむ。すし酢は、急ぐときは市販の粉末すし酢が便利。

⑮**江戸っ子どんぶり**――とってきのごはんもの。一見鉄火丼に見えるけど、実はおすしではない。あたたかいごはんに刺身用のまぐろをきれいに並べ、真中に水気を切った大根おろしを大さじ山盛り1ぐらいのせて、しょうゆをかける。そこへあさつきかわけぎのみじん切り、もみのりをふりかける。まぐろにおろしをつけながらごはんと共に食べる。実においしい。わさびはいらない。調理時間はなんと約5分。

⑯**残りごはんのドリア風**――ごはんはバターで炒めて塩こしょうで下味をつける。器に牛乳を少し入れ、ごはんを入れる。かん詰のホワイトソースと、かん詰の小えび水煮を汁ごと、かん詰のマッシュルームをまぜ合わせ、上からとろりとかける。あれば生クリームをとろとろっとかけ、粉チーズをふり、バターを少しずつちぎってのせ、オーヴンかオーヴントースターへ。上にこげめがついてよく温まったら出来上り。つけ合せはサラダ。

⑰**炒めないピラフ各種**――ひやごはんは電子レンジか蒸し器でふかして温める。中華なべで野菜や肉を炒めて塩こしょうして温いごはんとまぜ合わす。炒めないところがミソ。カレー粉をふりまぜて炒めればカレーピラフ、とり肉、玉ねぎをケチャップと共に炒めてごはんとまぜ合わせればチキンライスになります。

⑱**しめじめし**――しめじをゴマ油で炒め、みりんとしょうゆでこいめに味をつけ、線切りの

しょうがと共に温かいごはんにまぜこむ。
簡単だけれど、なぜかお酒に合うごはん。これには前述の出合煮、春菊の吸いものなどをつけ合せに。

⑲庶民のおじや——ぜったいに家庭でしか味わえないもの。
材料はちくわを適当に切ったもの、人参、ピーマン、玉ねぎはみじん切り。固型ブイヨンをスープにし、ごはんとピーマン以外のものを入れてやわらかく煮、洗ったごはんを入れピーマンを散らしてふたをしてむらす。しょうゆ、こしょうで調味する。これにはおいしい漬けものがぜひ欲しい。

＜あたりまえの料理こそ家庭の味＞

⑳とうふの揚げ出し風——とうふは買ってきたらすぐマナ板をやや斜めにした上に置いて少し水切りします。その間に大根おろしを作り、しょうがをおろし、油少々を火にかけ、小麦粉の用意をします。とうふは水気を少しふいて表とうらに小麦粉をまぶし、油でこんがり両面を焼きます。油は炒める時よりは多めに。中まで良く火が通るようふたをします。焼けたらすぐ器にとり、大根おろし、しょうがをのせ、まわりから温めたつゆをたっぷりかけます。つゆは急ぐ時は缶づめのそばつゆを薄めて。作る時は天つゆの要領で。

㉑かに玉

手早く出来るごちそう。卵5ケ、かに缶小½〜1缶又は冷凍のほぐしたかに（軟骨をよくとること）、みじん切りのねぎ大さじ2、竹の子せん切り大さじ3位、しょうがせん切り小さじ1位、塩小さじ¼、油小さじ1（これがうまくするコツ）をよくまぜておく。中華なべに油大さじ1入れて全体をまわしかけ、卵をお玉に1ぱいとってふうわり焼きます。焼く度少しずつ油を足し、何枚か焼いたら熱々の甘酢あんをたっぷりかける。甘酢あんは、水½カップ、酢、しょうゆ、さとう各大さじ1を火にかけ、煮立ったら片栗粉の水溶きでとろりとさせ、ごま油小さじ1ふって出来上り。つけ合せは中華風サラダとスープ。

㉒ぬた

面倒みたいで、意外に簡単。わけぎが一番だが、ねぎでもよい。熱湯に塩少々入れてわけぎをさーとゆでてすぐ水をかけてさまし、きゅっとしぼって4センチにきざむ。すりばちに赤みそ、酢、さとう、みりん、ほんの少しのしょうゆを入れてよくすりまぜておく。他にあえるものとしてマグロのさしみのブツ切りや、油揚げ（わけぎのゆで汁で油ぬき）の細切りや、新鮮な青柳や赤貝のひも、いかなど。先にこれらを酢みそで十分あえて後わけぎをあえる。わかめもよく合う。

㉓菜の花の辛子あえ

菜の花は色よくゆでて水にさっとさらしてしぼり、しょうゆ少々ふりかけ

て又しぼる。しょうゆ、とき辛子、ほんの少しのさとうをまぜて、あえる。

ゆでたいかなどとあえてもおいしい。

㉔魚の照焼風味——たれをつけて焼くと煙モウモウでコンロも汚れます。魚焼き器、又はフライパンで油焼きする時はそのまま焼いて、ときどりと同じみりん1、しょうゆ1の割合いのタレにじゅっとつけこむ法もなかなかいけます。しそをしいたり、木の芽をかざったりするだけでぐっと和食らしくなります。

㉕鶏レバーのしょうが煮——レバーはコロコロに切ってよくゆでます。ゆでるのが食べやすくするポイント。しょうがをたっぷり皮ごと薄切りします。なべにしょうゆとみりん各1に対して酒2としょうがを入れてひと煮立ちさせ、レバーを加えて弱火で煮汁がなくなりそうになるまで煮ます。こがさぬよう注意。

㉖ニラレバー炒め——豚レバーは食べよい大きさにそぎ切りしてこれもよくゆでます。油を炒めものよりやや多めにして炒めあげて皿にとり、油は少しへらします。そこへにんにくのみじん切りを入れ、レバーを戻し、かきまぜていったん火をとめてしょうゆと酒をじゃっと加えて味をからめ、再び火をつけたら4、5センチに切ったにらを入れ、ざっざっと炒めて火をとめます。こうして書くと手間がいりそうだけどやってみるとすぐに出来ます。

レバーは新鮮なものを見つけた時に買ってゆでておき、翌日に使ってもいいのです。女性に多い貧血もこれで追放！　元気いっぱいです。

㉗魚の保存法について

——魚を保存する時は、一匹ものなら必ずハラワタをぬくこと。それでも、余程新しいものでなければ翌日におかないことです。切り身ならカスづけやみそづけ、みりんじょうゆなどにつけこむことです。

みそ漬もカス漬も酒でのばしてとろりとさせてからつけます。切り身をカス漬にする時はカスの中に塩を入れます（なめてみて塩辛い位に）。生で食べられるようなタラコもカスに漬けこむ（二、三日）と美味。つけ方はどれも同じで、弁当箱か密閉容器にカスかみそをしき、魚やたらこをおいて上から又のせてサンドイッチにする。

あとがき

このあとがきに手をつける直前、私は、私の最愛の母を失くしました。

享年七十歳、心筋硬塞という突然の死は、後に残された者にとってはとらえどころのない無念さが残るのですが、母にとっては、その日の朝まで働き、張りつめて生き、本望だったと思います。ほんとうに、一生懸命生きた人でした。

母が倒れたとの連絡が大阪から入った時、私はある仕事の責任者として、手が離しがたいさなかのことでした。途中で放棄することによって起るさまざまなこと——後で、私ひとりが困るというのであれば、何をおいてもかけつけたことでしょう。母の入院と、死を結びつけることをむしろ避けながら、私は仕事を続けました。病院に着いたとき、母はすでに他界……。

それもまたあの母なら、本望と思ってくれるに違いありません。

何年か前の夏、私は二人のまだ幼かった子どもたちと大阪の母の家に滞在していました。新聞の連載を持っていて、大阪から速達で原稿を送ることになっていました。

ところが運悪く、大型台風がやってきたのです。郵便が遅れるのは必至。連載に穴をあけることは出来ません。風はますます強くなり、家中がガタガタとゆれ始めました。しかし母は家のことなど一向気にせず、私と一緒になって原稿のことのみ心配していました。

「私、原稿持って東京へ行ってくる！　ひょっとして一本位新幹線が動くかも知れないから」

空も陸もダイヤはズタズタということは承知でしたがとにかく駅へ行こうと思いました。

「そう、私もそうしたらいいなと思ったの！」

待ってましたとばかりの母の返事。

大阪に子どもを置いて再び迎えにくるといった時間的余裕は私にないので、この際連れて帰ることにしました。

この台風の中ではとても無理だとか、私や孫の身を案じて引き止めるとかあっても、親であればふしぎでないのに、その時の母のいい方は、それでこそわが子、あっぱれ！　という感じでした。

「じゃあ私も一緒に東京まで送っていくわ」

と母。

父の車でフルスピードで新大阪に。案の定すべて運休。ならば空の便でと、高速道路を強風のため横にすっとばされそうになりながら大雨の中を空港へ。

これが最後の便というのに間に合いました。

たてに横にゆれる機内、生きた心地がしませんでした。

やっとの思いで東京に着き、そこから新聞社にずぶぬれになりながら届けました。

母は、

「よかったァーこれでやれやれやわァ」と、満面に笑みをたたえていいました。

たった四枚の原稿用紙を握りしめ、台風の真っただ中を、どんな思いをしてでも届けなければならないことがある、それが仕事というものだということを、真に理解していた母。大勢の使用人の食事に釆配をふるい、いつも台所で立ち働いていた母は、正面きってのかっこよい仕事持ち女ではなかったかも知れません。

しかし、食べることが、働くことや人間関係の潤滑油としていかに重要かを、身をもってとらえていた人です。店の者たちの胃袋をしっかりつかみ、見事に彼らの心をもつかんでいましたから。

あとがきという、総論的なまとめをする場に、ごく私的な話をしてしまいました。母の死がなかったら、まったく違うことを書いていたかも知れません。今はただ、ほとばしる思いで書きました。が、言おうとしていたことは、母とのエピソードの中にすべて入っていたようにも思うのです。

この本は、大和書房の矢島祥子さんという、働きつつ夫を持ち子どもを持ち、私と同じよう

にばったばったと動き回っているひとりの女性がいたからこそ生れた本です。著者と編集者というより、働き続ける女性の同志、友として語り合い、生み出した本なのです。

それに書きおろしという難作業を、いつのまにかやらせてしまって下さってありがとう。心から感謝しております。

うれしいことに、イラストレーターの新井さん、カメラマンの児玉さんも子持ちで働く女性です。「お互いに頑張りましょう」という声がこの本の中からきこえてきそうな気がします。

小林カツ代

一九八一年三月三日　亡き母に捧ぐ

■働く女性のキッチンライフ

著　者　小林カツ代
発行者　大和岩雄
発行所　大和書房
〒112東京都文京区関口一―三三
電話　〇三（二〇三）四五一一
振替／東京六―六四二二七

装　幀　鶴本正三＋ツルモトルーム
イラスト　新井苑子
印刷所――東光印刷　製本所――東京美術紙工

ISBN4-479-34008-4 C0377

■おいしいLIFEing…